Deutschland in der Corona-Krise: Corona Helau!

Stefan Burek

Deutschland in der Corona-Krise:
Corona Helau!

Wenn Pappnasen und Narren
Menschenleben und Milliarden verspielen

Ein Plädoyer für gesunden Menschenverstand

Bibliografische Information der Deutschen Nationalbibliothek:
Die Deutsche Nationalbibliothek verzeichnet diese Publikation in der Deutschen Nationalbibliografie; detaillierte bibliografische Daten sind im Internet über dnb.dnb.de abrufbar.

Herstellung und Verlag: BoD – Books on Demand, Norderstedt
ISBN: 9783753458144

Inhaltsverzeichnis

Vorwort

Deutschland 2020. Noch nie war unser Land so reich, noch nie technisch so fortschrittlich wie heute. Und noch nie war die Kluft zwischen Anspruch und Wirklichkeit so groß. Noch nie wurde soviel Misswirtschaft betrieben, gemogelt und gelogen wie heute. Warum auch nicht, denn die Konsequenzen tragen schließlich immer die Anderen. Die goldene Regel lautet: Sie dürfen niemals überschaubare Schäden anrichten. Wenn Sie einen Schaden anrichten, dann richtig. Lassen Sie es krachen. Werden Sie Top-Manager oder noch besser: Politiker. Und besonders wichtig: Machen Sie alles möglichst kompliziert, stiften Sie Verwirrung. Dann können Sie im Grunde genommen jeden beliebigen Schaden anrichten und niemand wird von Ihnen Schadenersatz einfordern. Wir hatten die Finanzkrise, wir hatten den Abgasskandal. Wir dachten, schlimmer könne es nun ja nicht mehr kommen. Eine trügerische Hoffnung, denn eins hat sich im Laufe der Geschichte immer bewahrheitet: Schlimmer geht es immer. Und während wir uns in Dokus über Römische Geschichte mit der Frage befassen, ob Nero nun Rom angezündet hat oder nicht (was im Übrigen unwahrscheinlich ist), richten unsere eigenen Politiker in der Gegenwart Schäden an, gegen die der Brand Roms beinahe wie eine Bagatelle erscheint.

Das Krisenmanagement während der Corona-Pandemie war und ist eine der schwerwiegendsten Fehlleistungen, die jemals Entscheidungsträger in Deutschland zustande gebracht haben. Kritik? Unerwünscht. Wer nun Vorwürfe erhebt, gilt als negativ und als Nestbeschmutzer. Schließlich sollen wir alle positiv und konstruktiv sein, um die Krise gemeinsam zu bewältigen.

Letzteres ist auch grundsätzlich eine gute Einstellung, hat aber nichts mit dem Unterlassen von Kritik zu tun. Nur möchte natürlich niemand, der die Verantwortung für eine Katastrophe trägt, gern mit der Wahrheit konfrontiert werden. Doch Tatsache ist: Tausende Menschenleben, hunderte Milliarden Euro, tausende Arbeitsplätze und vieles mehr sind in der Corona-Krise verspielt worden – und das auf dumme, arrogante und grob fahrlässige Art und Weise. Doch inkompetente Entscheidungsträger sind nicht das einzige Problem unserer Gesellschaft. Unsere Gesellschaft selbst ist das Problem. Der Wandel, der sich aktuell in unserem Land vollzieht und der bereits weit fortgeschritten ist, sollte jeden mit Sorge erfüllen. Unsere scheinbar hochgebildete Gesellschaft befindet sich in Wirklichkeit auf dem Wege zu nie dagewesener Verdummung und Handlungsunfähigkeit.

Der Anspruch dieses Buches ist es, auf diese Entwicklung hinzuweisen und auf die Schäden, die damit verbunden sind. Mit klaren und teils harten Worten, einigen bissigen Formulierungen, teilweise satirisch und ohne Rücksicht auf persönliche Befindlichkeiten. Es ist kein Buch für übermäßig harmoniebedürftige Gemüter. Es polarisiert, karikiert und ja, es polemisiert teilweise. Trotzdem: Hier geht es nicht um aggressive „Scheißhausparolen", wie wir sie aus den extremen politischen Lagern kennen. Es geht hier nicht um die Äußerung von auf Dummheit und Desinformation beruhender Wut durch Hasstiraden und Beschimpfungen, wie wir sie in sozialen Medien jeden Tag bis zum Abwinken lesen und uns dabei fremdschämen müssen, überhaupt Angehörige dieser Gesellschaft zu sein, in der dies immer mehr zum Standard wird. Im Gegenteil, es geht um eine nüchterne, aber tabulose Betrachtung der Abläufe, ihrer Konsequenzen und eine Abrechnung mit der Inkonsequenz und Inkompetenz der Verantwortlichen, ihrer Arroganz und Ignoranz, ja, auch der grenzenlosen Dummheit einer ganzen Gesellschaft in der Breite. Und es geht um den gesunden Menschenverstand, der uns immer öfter vollständig abhandengekommen zu sein scheint, weil wir ihn so selten gebrauchen. Irgendwo fernab von Standard-Dienstanweisungen, denen wir blind und ohne nachzudenken folgen und Herdentrieb liegt in uns allen diese großartige Instanz unseres Urteilsvermögens – und das sollten wir nutzen.

Dieses Buch ist keine wissenschaftliche Abhandlung. Es erhebt auch in keinster Weise einen wissenschaftlichen Anspruch. Im Gegenteil: Wenn wir die Fakten und Geschehnisse der Corona-Krise mit gesundem Menschenverstand betrachten, dann wird deutlich, dass es zu guten Teilen die Verwissenschaftlichung eines einfachen Problems war, die der Katastrophe dieses Ausmaß gegeben hat. Politiker und Experten, die sich in Details verloren und das Offensichtliche ignorierten, die vor lauter Begeisterung für die eigene Genialität und die Verkomplizierung des Problems die Zusammenhänge nicht mehr erkannten. Das Problem war einfach, alle Lösungen schon seit Jahren vorhanden. Es war keine höhere Gewalt, die uns in die Katastrophe stürzte. Es war auch keine unausweichliche Situation, in die wir gerieten. Es waren sehr konkrete Fehlentscheidungen, die das Desaster herbeiführten.

Dieses Buch wird genau das belegen – und zwar Schritt für Schritt und für jeden nachvollziehbar. Es war im Grunde nicht einmal ein Virus, das uns in diese Notlage brachte, es war die grenzenlose Arroganz und Unfähigkeit der Verantwortlichen. Der immer wieder bemühte Einwand, alles sei so kompliziert, dass nur Akademiker das Problem verstehen könnten, ist die größte und unverschämteste Lüge der gesamten Krise und lediglich eine Schutzbehauptung der Verantwortlichen, um die Diskussion über die Verantwortung bereits im Keim zu ersticken. Ein Albert Einstein zugeschriebenes Zitat besagt: „Inmitten des Wirrwarrs gilt es, das Einfache zu finden." Genau das ist Ziel und Anspruch dieses Buches.

Noch etwas: Dieses Buch ist „verschwörungstheoriefrei". Es ruft dazu auf, endlich die richtigen Fragen zu stellen und Transparenz zu schaffen. Und es soll den Leser – also Sie ganz persönlich – ermutigen, das Handeln der Verantwortlichen zu hinterfragen und selbst zu beurteilen. Wahrscheinlich haben auch Sie in irgendeiner Form unter dieser Krise gelitten und somit steht es Ihnen zu, Antworten einzufordern.

Es nützt nichts, um des lieben Friedens willen über alle Fehler und Fahrlässigkeiten hinwegzusehen. Denn wenn wir das tun, dann ist der letzte Schutzwall gegen die nächste Katastrophe schon jetzt gefallen: Unsere Fähigkeit, aus Fehlern zu lernen, aus Krisen gestärkt und besser gerüstet hervorzugehen. Und das ist wichtig, denn: In unserer globalisierten Welt wird dies nicht die letzte Herausforderung dieser Art sein. Viele Herausforderungen stehen uns noch bevor, darunter mit an Sicherheit grenzender Wahrscheinlichkeit auch noch manche

Pandemie. Nicht jede wird uns so treffen wie Corona. Aber es werden auch noch wesentlich bedrohlichere dabei sein, die Millionen Menschenleben alleine in unserem Land gefährden werden. Und gerade deshalb können wir uns keine Beschönigungen leisten. Dennoch, wenn Sie ein allzu harmoniebedürftiger Mensch sein sollten, könnte dieses Buch für Sie bisweilen schwere Kost sein. Wenn es allerdings Ihr Bestreben ist, sich den Tatsachen und der ungeschönten Wahrheit zu stellen, dann:

Herzlich willkommen!

Darf man überhaupt Kritik äußern?

Viele Menschen sind der Meinung, man solle möglichst keine Kritik am Vorgehen Deutschlands äußern, um in diesen Krisenzeiten nicht noch negative Schwingungen zu verbreiten. Gleichzeitig endet ein G7-Gipfel zur Corona-Pandemie ohne gemeinsame Erklärung, da die USA die Aufnahme der Bezeichnung „Wuhan-Virus" zur Bedingung für eine solche Erklärung machten. Man sollte klar unterscheiden, ob es um eine kritische Betrachtung der Ereignisse mit dem Fokus auf einen Lerneffekt für kommende Herausforderungen geht oder lediglich um Scharmützel und PR-Maßnahmen, die vernünftigen Handlungsweisen im Wege stehen. Dieses Buch stellt eine Aufarbeitung im Hinblick auf die gravierenden und tödlichen Fehler unserer Politik und Gesellschaft dar. Die Weigerung der USA zu einer kooperativen Mitarbeit an einer gemeinsamen Erklärung hingegen ist eine kindisch-trotzige Reaktion eines kindisch-trotzigen, orangefarbenen Selbstdarstellers, den Amerika im Vollbesitz seiner geistigen Umnachtung ins höchste Amt des Landes und damit wohl auch in die mächtigste Position der Welt erhoben hat. Wobei sich Letzteres auch schnell ändern könnte, wenn dieser Fauxpas nicht bald behoben wird.

Natürlich geht es immer besser. Aber das ist hier nicht die Frage. Es geht nicht darum, an etwas herumzukritisieren, was eigentlich gut gemacht wurde, nur um ein Haar in der Suppe zu finden. Es geht um die Frage, ob und warum Menschenleben und Ressourcen grob fahrlässig, durch Arroganz, Inkompetenz und Inkonsequenz geopfert und verschwendet wurden – zum Leidwesen einer gesamten Nation.

Selbstverständlich kann man auch immer erklären, andernorts sei es noch viel schlechter gelaufen. Es kann aber nicht Anspruch Deutschlands sein, sich in diesem Kontext an den Schlechtesten zu messen, sich mit den USA oder Brasilien zu vergleichen, um gut dazustehen. Diese Nationen müssen mit sich ausmachen, was ihre Regierungen ihnen angetan haben. Bei genauerem Hinsehen müssen wir stattdessen anerkennen, dass es so gut, wie uns permanent vermittelt wird, in Wirklichkeit keineswegs gelaufen ist.

Weiterhin müssen wir uns der Frage stellen, welchen Wert unser Rechtsstaat an sich überhaupt hat, wenn Recht und Wahrheit nach Belieben derer verdreht werden, die die größte Schuld an einer Krise tragen und wenn die Zugehörigkeit zu einer sozialen Schicht über das Recht auf Leben und Gesundheit entscheidet. Diese Fragen dürfen nicht länger unterbunden werden. Die Demokratieform, in der freie Meinungsäußerung und Menschenrechte solange gewährt werden, solange es ohnehin keinen Widerspruch gibt, nun, diese Art der Demokratie gibt es auch in Nordkorea.

Und schließlich geht es um die Frage, warum uns die Antwort auf die Fragestellung „Geld oder Leben?" so schwer fällt. Warum wir, vor dieser Wahl stehend, so zögerlich agieren, dass wir zunächst tausende Menschenleben um des Geldes Willen opfern, um später feststellen zu müssen, dass die zu späte Bekämpfung der Katastrophe noch viel teurer wird, als die Rettung dieser Leben jemals geworden wäre und wir am Ende beides verlieren. Es geht um die Verantwortung derer, die diese katastrophalen Folgen zu vertreten haben.

Nun wird mancher einwenden, es sei unfair, geradezu unanständig, Menschen, die so große Verantwortung übernommen haben, ihre Fehler zum Vorwurf zu machen. Dem wäre grundsätzlich zuzustimmen, wenn nicht einige Dinge dabei zu berücksichtigen wären. Es geht, wie wir sehen werden, keineswegs um kleine Fehler mit großen Folgen, nicht um Fehleinschätzungen, über die man sich zum entscheidenden Zeitpunkt nicht im Klaren hätte sein können. Es geht hier darum, sehenden Auges und aus falschem und unmenschlichem Kalkül offensichtliche und klare, gravierende Fehlentscheidungen getroffen zu haben, unter denen wir nun alle eine lange Zeit werden leiden müssen. Es geht um die Grundeinstellung unserer Politiker, die sich die Angewohnheit angeeignet haben, sich einerseits mit Titeln, Ministerämtern und Ehrenabzeichen zu schmücken und dafür lebenslang fürstlich bezahlen zu lassen, andererseits aber darauf setzen, während ihrer Amtszeit lediglich ein paar kleine, nicht weiter bedeutsame Entscheidungen treffen zu wollen, von denen es völlig gleichgültig ist, ob sie nun richtig oder falsch sind. Die nicht vorbereitet sind auf das, wozu ein Land seine führenden Politiker in erster Linie braucht: Echte Verantwortung zu übernehmen, wenn es ernst wird. In den wichtigsten Momenten das Richtige zu tun, die richtigen Entscheidungen zu treffen, auch dann, wenn dies im ersten Augenblick unpopulär erscheinen mag. Und zu dieser Verantwortung zu stehen, im Guten wie im Schlechten. So wie es frühere

Generationen von Politikern in der deutschen Geschichte taten. Doch die traurige Realität ist: Politiker eines Formats wie Brandt, Schmidt, Blüm oder Genscher suchen wir heute vergebens. Mit Ausnahme unserer Bundeskanzlerin kann man sagen, dass die aktuelle Führungsriege kaum noch weiß, wie sich das Wort „Krise" überhaupt schreibt. Man könnte den Eindruck gewinnen, es mit einer Bande verwöhnter Schaumschläger zu tun zu haben, die ihre politischen Ämter in erster Linie zur Selbstbeweihräucherung, zur Erschließung fantastischer Nebenverdienste und, wenn sie das alles satt haben, als Sprungbrett zu unmoralischen und noch unmoralischer bezahlten Berater- und Lobbyistenjobs in der freien Wirtschaft nutzen. Dass dabei die eigentliche Verantwortung auf der Strecke bleibt, lässt sich nicht vermeiden. Ähnlich einer Hobbyfußballmannschaft, die sich mit den Jahren immer mehr zur trinkfesten Thekenrunde entwickelt und mittlerweile schon vergessen hat, wo der Fußballplatz überhaupt ist.

Ob Kritik daran erlaubt ist? Ich denke, wenn wir unsere Demokratie am Leben erhalten möchten, dann ist die Kritik daran sogar Pflicht.

Wie alles begann

Es begann in China. Weit, weit weg. Wir kennen das schon, denken wir. China, mittlerer Osten, Afrika – SARS, MERS, Ebola – was haben wir damit zu tun? Ein kurzer Bericht in den Nachrichten oder eben auch nicht, je nachdem, wie viele wichtige Fußballergebnisse, Sport- oder Wirtschaftsnachrichten es gerade gibt. Ach ja, die Asiaten mal wieder, war ja klar. Unsere Anteilnahme hält sich in Grenzen.

Es ist nicht unser Problem, konnte man denken. Und genau mit dieser Denkweise beginnt das Problem. Ja, es stimmt, „den Deutschen" gibt es nicht. Ich werde diesen Begriff vielleicht dennoch hin und wieder verwenden, um unsere Gesellschaft zu beschreiben. Sehen Sie es mir nach, wenn ich hier alle über einen Kamm zu scheren scheine. Mir ist natürlich bewusst, dass es viele sehr verantwortungsvolle Bürger gibt, die Mitgefühl mit anderen haben, ganz gleich, wo auf der Welt Menschen Leid widerfährt. Wenn Sie zu diesen Menschen gehören, dann bleiben Sie bitte, wie Sie sind. Aber: Sie gehören nicht mehr zur Mehrheit. Schon lange nicht mehr. „Der Deutsche" kümmert sich wenig um den Rest der Welt. Er merkt nicht mehr, wie gut er es eigentlich hat, er fühlt sich jeden Tag mehr bedroht, bestohlen und ausgebeutet. Ja, uns geht es ja so schlecht. So viele Menschen sind von viel zu niedrigen Sozialleistungen abhängig, so viele Menschen arbeiten für ausbeuterisch schlechte Löhne, so viele kleine Rentner stehen nach einer ganzen Lebensleistung mit leeren Händen da. Ja, das alles ist richtig. Die Gerechtigkeit in unserem Land lässt zu wünschen übrig. Massiv. Eine

Schweinerei jagt die nächste und die Ungerechtigkeiten treffen immer wieder dieselben Leidtragenden. Das alles stimmt. Im Innenverhältnis.

Was viele von uns jedoch übersehen, ist die Tatsache, auf welch hohem Niveau wir uns global gesehen befinden. Die Mehrzahl der Menschen auf der Welt verfügt nicht ansatzweise über das in unserer Top-Wirtschaftsnation festgelegte Existenzminimum. Um das erkennen und wertschätzen zu können, müssen wir jedoch ein wenig über den sprichwörtlichen Tellerrand hinausschauen. Nur dann können wir sehen, welches große Glück damit verbunden ist, hier geboren zu sein. Die Wahrscheinlichkeit, ausgerechnet in Deutschland geboren zu werden, liegt bei gut einem Prozent. Wir haben in dieser Lotterie also sozusagen mächtig Schwein gehabt. Wenn wir das aber nicht verstehen, dann verstehen wir auch nicht, dass wir diejenigen sind, die auch am meisten zu verlieren haben. Und wir verstehen nicht, welche Verantwortung wir in der Welt tragen. In einer globalisierten Welt, in der die Wege und Reaktionszeiten kurz geworden sind. Die Probleme anderer Länder und Menschen auf der Welt, die wir ignorieren, bleiben nicht in der Ferne. Sie kommen nicht vielleicht irgendwann in abgeschwächter Form auch auf uns zu, wie wir es aus der Vergangenheit gewohnt sind. Sie stehen in Windeseile vor unserer eigenen Tür. Wenn wir unsere Verantwortung verleugnen, uns weigern, uns des Leids anderer Menschen in anderen Teilen der Welt anzunehmen, dann holt uns diese Denkweise mittlerweile mit rasender Geschwindigkeit ein. Ungelöste Probleme kommen schneller auf uns zu, als uns lieb ist. Krieg, Not, Armut und

Krankheit sind nicht mehr auf kleine Bereiche der Welt beschränkbar. Nein, sie sind globale Herausforderungen, die wir alle ernst nehmen müssen. Die Flüchtlingskrise hat dies bereits bewiesen. Und die Corona-Krise beweist es uns aufs Neue. Wir können diese Dinge nicht mehr einfach aussitzen und hoffen, dass sie schadlos an uns vorüberziehen werden — diese Zeiten sind vorbei. Mangelnde Empathie und Anteilnahme werden zum Bumerang.

Der Ausbruch der Corona-Epidemie in China mit sehr schnell zigtausenden Infizierten und tausenden Todesfällen war für die meisten von uns anfangs sehr weit weg. Weder unsere Politik, noch die öffentliche Meinung nahmen zunächst sehr viel Anteil daran. Schließlich hatten wir unsere eigenen Probleme. Viel mehr als hohle Phrasen und Bekundungen der Anteilnahme, der Wachsamkeit und beruhigende Statements für die eigene Bevölkerung sprangen nicht heraus. Das prägte die Wahrnehmung dieser Bedrohung in der Gesellschaft. Und das schaffte denkbar schlechte Ausgangsvoraussetzungen für die spätere Bekämpfung der Pandemie auf eigenem Boden. So begann im Grunde alles mit der Verbreitung der Illusion der Unverwundbarkeit, von der wir uns im weiteren Verlauf nur schlecht sollten lösen können.

Die Panik vor der Panik

Politiker legen von je her größten Wert darauf, Souveränität auszustrahlen. Schnelle Richtungswechsel und hoher Adrenalinspiegel sind gut fürs Eishockey, in der Politik jedoch sind sie schlecht fürs Image. Ein Politiker, der dem Bürger durch seine Statements keine Sicherheit vermittelt, läuft Gefahr, als ängstlich und überfordert wahrgenommen zu werden. Und was ist das größte Kapital eines Politikers? Korrekt, sein Image. Wenn also ein Politiker vor der Wahl steht, das Richtige zu tun und dabei sein Image zu riskieren oder andererseits sachlich falsche Entscheidungen zu treffen, aber in der Öffentlichkeit damit gut auszusehen, dann entscheidet sich die Masse der Entscheidungsträger für die Pflege ihres Images. Dass diese Denkweise ein fataler Ratgeber ist, hat uns die Geschichte schon vielfach gelehrt. Doch der Opportunismus siegt meistens. Natürlich hört die Bevölkerung gerne Bekundungen von Sicherheit und Souveränität, selbst wenn es sich um eine trügerische Sicherheit handelt. Also gilt es, seiner Zeit nicht zu sehr voraus zu sein, so lange wie möglich den Status Quo zu bewahren und „business as usual" zu propagieren. Die größte Angst des Politikers besteht darin, als ängstlich wahrgenommen zu werden. Einzig schlimmer wäre es, mit diesem Vorbild Furcht auf die Bevölkerung zu übertragen.

Dabei wäre alles eine Frage einer nüchternen und klaren Kommunikation. Aber da sind ja auch noch die wirtschaftlichen Interessen. Und wer der Wirtschaft auf die Füße tritt, steht mit seiner politischen Karriere schnell im

Abseits. Da ist guter Rat teuer. Doch zum Glück gibt es eine bewährte Strategie: Die „Feuerwehr-Taktik". Es ist schwierig, jemandem einen Feuerlöscher zu verkaufen, der sich noch nie Gedanken darüber gemacht hat, dass es bei ihm einmal brennen könnte. Mit solchen Verkaufsgesprächen macht man sich höchstens unbeliebt. Wenn wir aber warten, bis es brennt und dann als tapfere Retter auftreten, die den Brand bekämpfen, sind wir Helden. Anstatt also durch rasches und präventives Handeln Irritationen hervorzurufen und dadurch die Gunst von Wählern und Wirtschaft zu riskieren, lautet die Strategie: Lassen wir das Problem erst mal kommen. Entweder haben wir Glück, oder, wenn wir (was wahrscheinlich ist) kein Glück haben, dann haben wir wenigstens starke Argumente. Es werden ein paar tausend Menschen durch dieses Zögern sterben, aber das wird man uns weniger verübeln als wenn wir jetzt rigoros handeln. Denn solange niemand gestorben ist, wird auch niemand akzeptieren, wenn wir ihm jetzt wirtschaftliche Einbußen zumuten.

Es ist ein alter Hut: Politik und Dating funktionieren relativ ähnlich. Es geht nicht um die Wahrheit, sondern um das, was „die Zielgruppe" hören möchte. Damit machen wir uns beliebt, nicht mit der Wahrheit. Und die Zielgruppe glaubt das, was sie glauben möchte, ohne die Intention des Gegenübers zu hinterfragen. Wenn das übereinstimmt, haben wir ein „Match". Und genau deshalb enden Politik und Dates auch gleichermaßen oft genug in purer Verlogenheit. Im ersten Abschnitt unserer Betrachtung wollen wir uns deshalb zunächst anschauen, wie unsere Politik mit der Pandemie umging, denn hier wurden die Weichen für alle folgenden

Ereignisse gestellt. Jeder Fehler, der hier gemacht wurde, hatte direkte oder indirekte Konsequenzen. Kein gemachter Fehler konnte rückgängig gemacht werden. Insbesondere die Phase der Vorbereitung entschied über alles, was danach folgen sollte. Deshalb ist die Betrachtung dieser Phase das Wichtigste überhaupt. Alle danach getroffenen Maßnahmen waren und sind nur eine Reaktion auf die Versäumnisse, die hier geschehen sind. Sie werden sehen: Viel zu beschönigen gibt es hier nicht.

Phase I: ***Der Beginn der Pandemie in Deutschland***

Es gibt Momente im Leben, in denen eine schnelle Reaktion alternativlos ist und genauso alternativlos ist der entstehende Schaden, wenn wir den richtigen Zeitpunkt verpassen. Wenn Sie also mit hundert Stundenkilometern auf eine Wand zufahren, gibt es einen Augenblick, an dem Sie spätestens auf die Bremse treten müssen, wenn Sie den Crash vermeiden möchten. Je später Sie reagieren, umso hektischer müssen Sie bremsen – unter der Gefahr, die Kontrolle über den Wagen zu verlieren. Reagieren Sie zu spät, können Sie im besten Fall noch die Wucht des Aufpralls reduzieren. Ein entscheidender Faktor dabei ist, ab wann Sie das Unheil kommen sehen konnten.

In dieser frühen Phase, in der sich COVID-19 zur Pandemie entwickelte, stand vor allem ein Mann im Rampenlicht. Gesundheitsminister Jens Spahn, der Mann, der maßgeblich verantwortlich für unsere Gesundheitspolitik ist. Der Mann, der nicht müde wurde, immer wieder zu betonen, wie wachsam und gut vorbereitet wir seien. Tatsächlich blieb unsere Politik hinsichtlich wirksamer Präventivmaßnahmen nicht nur weitestgehend untätig, wenn wir von haufenweise Gesprächen, bei denen aber nichts Effektives beschlossen wurde, einmal absehen. Nein, wir luden das Virus praktisch ein, sich ungestört zu verbreiten, indem wir uns an jedem Punkt, an dem wir hätten gegensteuern können, ganz bewusst gegen wirksame Maßnahmen sträubten. Es schien so, als glaubte unser Gesundheitsminister, mit ein paar Informationen zur Handhygiene und ähnlich kostengünstigen

Maßnahmen die Verbreitung des Virus verhindern zu können. Wann immer eine Entscheidung anstand, wir wählten den leichtesten – und leichtsinnigsten – Weg. Wenn unser Gesundheitsminister dann im Nachhinein erklärte, warum so und nicht anders entschieden worden war, werden Sie feststellen, dass er von falschen Voraussetzungen und falschen Prognosen ausging. Immer und immer wieder. So übernahmen wir zu keiner Zeit echte Initiative. Schlimmer noch, die Initiative hatte das Virus, das uns immer drei Schritte voraus war. Die Leistung unseres Gesundheitsministers in dieser wichtigsten Phase ging über das gebetsmühlenartige Wiederholen hohler Phrasen und informationsarme Statements, in denen er lediglich wiedergab, was wir alle schon aus den Medien wussten, kaum hinaus. Man könnte auch sagen, er fungierte mehr als Moderator denn als Manager der Krise. Noch schlimmer: Die später nachweislich effektivsten Maßnahmen zur Eindämmung der Epidemie wurden von unseren Verantwortlichen lange Zeit strikt abgelehnt und ins Lächerliche gezogen. Anstelle effektiver Maßnahmen gegen die Verbreitung des Virus erhielt der Bürger kaum mehr als Hinweise zum richtigen Händewaschen und Niesen. Wir kommen uns vor wie ein Vierjähriger und fragen uns, ob es demnächst auch einen Studiengang für richtiges Schuhe anziehen geben wird. Unser Gesundheitsminister folgte damit der Logik, die schon lange von unseren Krankenkassen forciert wird. Auch hier wird ja mittlerweile seit geraumer Zeit versucht, ärztliche und medikamentöse Behandlungen durch FAQ-Seiten und vollautomatische Online-Coaches zu ersetzen. Warum? Nun, es ist einfach viel billiger. Die Schäden, die dadurch entstanden, beschäftigen Deutschland noch immer und das wird sich in absehbarer Zeit nicht ändern. Und für viele Menschen spielt es auch keine Rolle mehr, weil sie aufgrund dessen nicht mehr unter uns sind. Sie denken, das alles ist übertrieben? So schlecht sei das Krisenmanagement nicht gewesen? Wir werden das auf den nächsten Seiten überprüfen.

Die Corona-Pandemie brach zunächst in China aus. Die Chinesen hatten somit praktisch eine Vorwarnzeit von null. Als wir im Januar davon erfuhren, begann die Uhr für uns zu laufen. Wir hatten Zeit. Wochenlang Zeit, uns vorzubereiten. Hier wird bereits deutlich, dass irgendetwas schief gelaufen sein muss. Wie kann es also sein, dass ein Land mit einer Bevölkerung von mehr als einer Milliarde Menschen, das vollkommen ohne Vorwarnzeit vom Ausbruch überrascht wurde, runde drei Monate später massiv weniger Erkrankungs- und Todesfälle zu beklagen hat als wir, die wir so lange im Voraus gewarnt waren? Dies ist keine höhere Gewalt, sondern die Konsequenz schwerwiegender Fehler. Und wenn wir heute – mit Recht – China viel zu zögerliches Handeln in der Frühphase dieser Pandemie vorwerfen, dann müssen wir uns auch die unbequeme Frage stellen lassen, ob wir bei diesem Thema nicht im Glashaus sitzen. Es ist praktisch unmöglich, dass China eine bessere Statistik erreicht, als eine führende westliche Industrienation, die mit einer wochenlangen Vorwarnzeit gesegnet war.

Der Kardinalfehler war eben dieser, die wichtigste aller Ressourcen ungenutzt zu lassen. Eine Ressource, die unwiederbringlich verloren ist, wenn man sie ungenutzt lässt: Zeit. Bei der Frage, ob die politischen Verantwortlichen in unserem Land dies erkannt und entsprechend verantwortungsvoll gehandelt haben, gibt es nur eine Antwort: Ein klares Nein. Wir verpassten den Point of no Return trotz einer unendlich langen Vorwarnzeit. Und jeder, wirklich jeder daraus resultierende Schaden geht auf dieses Missmanagement und die grob fahrlässig vertrödelte Zeit in dieser Phase der Pandemie zurück. Diejenigen, die zu diesem Zeitpunkt die falschen Entscheidungen trafen, tragen die Verantwortung für sämtliche Konsequenzen. Ab dem Zeitpunkt, an dem die Uhr für uns abgelaufen war, ging es nicht mehr um die Vermeidung von Schäden. Der gesamte Schaden stand bereits fest. Es ging nur noch um die Frage, in welcher Währung wir für dieses katastrophale Versagen bezahlen wollten, nur noch um die Frage: „Geld oder Leben?". Jedes Menschenleben, das wir durch diese späten Maßnahmen retten, kostet uns nun Millionen, jede Lockerung zu Gunsten der Wirtschaft bezahlen wir mit Dutzenden von Todesfällen. Nicht wir kontrollieren das Virus, das Virus kontrolliert uns. Der Schaden ist irreparabel. Die Behauptung, wir würden irgendetwas kontrollieren, war zu jeder Zeit eine Lüge. Das Virus treibt uns vor sich her und unsere Reaktion darauf ist ein Eiertanz, in dem sich Maßnahmen und Prognosen je nach Gefühlslage von Politik, Wirtschaft und Bevölkerung schneller ändern als das Wetter im April. Unsere Politik verhielt und verhält sich in solchen Situationen wie ein Betrunkener im Autoscooter, der von einem Hindernis gegen das nächste prallt und immer erst dann gegenlenkt, wenn er mit irgendetwas zusammengestoßen ist.

Nein, so höre ich an dieser Stelle oft, man hätte es gar nicht besser machen können. Eine solche Pandemie sei schließlich höhere Gewalt, das könne man doch niemandem in die Schuhe schieben. Ein sehr guter Einwand, den man unbedingt prüfen sollte. Sehen wir uns dazu einmal an, wie unser Gesundheitsminister diese frühe Phase der Katastrophe gemanagt hat. Zu diesem Zweck schauen wir uns eine kurze Chronologie der wichtigsten Ereignisse an. Überprüfen wir einmal, was man wann wissen konnte und betrachten parallel dazu ein paar Statements unseres Gesundheitsministers, als Quelle bedienen wir uns der Postings auf seinem eigenen Facebook-Profil. Und schließlich nehmen wir noch ein paar Zahlen und Aussagen der WHO hinzu, die Sie allesamt anhand der öffentlichen Publikationen selbst überprüfen können. Beginnen wir Ende Januar 2020.

Januar 2020

Im Dezember 2019 wurde bei 27 Menschen in der chinesischen Provinzhauptstadt Wuhan eine neuartige Lungenerkrankung nachgewiesen. Am 11.01.2020 gab es offiziell 41 Infektionsfälle. Diese Zahl hatte bis zum 16. Januar Bestand. Dann begannen die Zahlen zu steigen, 45 Fälle am 17. Januar, 62 am 18. Januar, 121 am 19. Januar. Fünf Tage später, am 24. Januar, waren es bereits 835 Fälle, am 27. Januar 2.761 Fälle. Weitere vier Tage später, am 31. Januar, hatte China 9.720 Infektionen und 213 Todesfälle zu beklagen.

Es wird deutlich, dass China die Situation in der Anfangsphase massiv unterschätzte. Die Datenlage ist zu diesem Zeitpunkt im Januar noch dünn, das Vertrauen in die offiziellen Stellen in China überschaubar. Dennoch zeigt dieser Verlauf zwei Dinge eindeutig: Es handelt sich um eine hochansteckende Erkrankung, die insbesondere bei Personen höheren Alters oder mit angegriffener Gesundheit tödlich verlaufen kann. Die Einschätzungen der WHO legen nahe, dass das Virus wesentlich ansteckender und tödlicher sein könnte als eine gewöhnliche Grippe. China greift mit entsprechender Entschlossenheit ein und riegelt diverse Städte ab.

Weiter: Südkorea ist betroffen, aus einem Fall am 23.01. wurden 6 bis zum Monatsende. Die USA und Australien sind ebenfalls betroffen. Unser Nachbarland Frankreich verzeichnete die ersten drei Fälle am 24. Januar, Großbritannien meldete am 31.01. zwei Fälle, Spanien einen. Deutschland hat seinen ersten bestätigten Fall am 27. Januar, bis zum 31.01. sind es sieben. Das Virus ist nun auf 4 Kontinenten nachgewiesen. Die WHO erklärt am 30. Januar den Eintritt einer gesundheitlichen Notlage von internationaler Tragweite.

Da wir uns Sorgen machen und gerne Informationen aus seriösen Quellen beziehen, suchen wir Zuflucht bei unserem Gesundheitsminister und besuchen sein Facebook-Profil.

Am 24. Januar lässt er auf seiner Facebook-Seite wissen, er nehme die Lage in Asien sehr ernst und stehe im täglichen Austausch mit Experten. Gleichzeitig solle man aber einen

kühlen Kopf bewahren. Zwar stellt er fest, es gäbe in Europa
noch keinen Corona-Verdachtsfall, mahnt aber dennoch
umsichtige Reaktionen an.

Das alles klingt sehr gut, aufmerksam und seriös.

Am 28. Januar - das Virus ist in Europa und mittlerweile auch
in Bayern angekommen – erklärt er, es sei zu erwarten
gewesen, dass etwas Derartiges geschehen würde. Der Patient
sei isoliert und würde behandelt, seine Kontakte würden
ebenfalls untersucht, wodurch eine Ausbreitung des
Coronavirus verhindert würde. Weiterhin wird auf
Informationen durch die Homepage des Bundesministeriums
der Gesundheit verwiesen und erklärt, dass nach Einschätzung
des Robert-Koch-Instituts die Gefahr für die Gesundheit der
Menschen in Deutschland weiterhin als gering eingestuft wird.

In einer grafischen Darstellung heißt es zudem: „Der Fall aus
Bayern zeigt, dass wir gut vorbereitet sind. Die Gefahr für die
Gesundheit der Menschen in Deutschland bleibt weiterhin
gering."

Für den Leser geht daraus hervor: Es wird transparent,
professionell und entschlossen gehandelt. Wir fühlen uns gut
aufgehoben. Dass das RKI seine Einschätzung in naher Zukunft
noch mehrfach anpassen wird, daran glauben die Leser dieser
Nachricht zu diesem Zeitpunkt wahrscheinlich eher nicht.

In einem weiteren Posting bringt der Minister zum Ausdruck:
„Für übertriebene Sorge gibt es keinen Grund. Wir nehmen die

Situation sehr ernst und sind gut vorbereitet.“

29. Januar: Jens Spahn untermauert seine Aussagen vom Vortag: „Die ersten bestätigten Fälle des Coronavirus in Deutschland sind kein Grund zu übertriebener Sorge. Wir nehmen die Situation ernst und sind wachsam, aber auch gut vorbereitet.“

Worin diese gute Vorbereitung besteht, bleibt ungewiss. Von vorbereiteten Plänen für ein schnelles Vorgehen im Notfall, insbesondere Quarantäne-Maßnahmen oder einen Notfallplan zur Absage von Großveranstaltungen, sollte sich das Virus wider Erwarten in Deutschland verbreiten, ist jedenfalls nichts zu vernehmen. Offenbar denkt in dieser Phase noch niemand an eine ernste Bedrohung. Eine Katastrophe wie in China kann uns nicht passieren, das ist die Kernbotschaft des Januar.

Februar 2020

Der Karnevalsmonat ist angebrochen. Mit Weiberfastnacht am 20.02. und Rosenmontag am 24.02. stehen uns zwei Großereignisse der närrischen Saison unmittelbar bevor.

Die Zahlen aus China, das den Januar mit 9.720 Fällen beschlossen hatte, schießen bis zum 12. Februar auf fast 45.000 in die Höhe. Am 13. Februar muss sogar eine Korrektur der Zahlen verarbeitet werden, es sind nun fast 60.000. Gleichzeitig sind 1.368 Todesfälle erfasst. Damit ist klar: Dieses

Virus ist in seiner Ausbreitung und deren unglaublicher Geschwindigkeit nicht mit SARS oder MERS vergleichbar, von denen zusammen bis heute etwas weniger als 11.000 Fälle bekannt sind. Es scheint zwar weniger tödlich zu sein als die altbekannten Corona-Viren, wird aber von der WHO als wesentlich gefährlicher als eine herkömmliche Grippe eingestuft.

Das Kreuzfahrtschiff „Diamond Princess" wird am 05. Februar im Hafen von Yokohama in Japan unter Quarantäne gestellt. Bis zum 19. Februar werden über 500 der gut dreieinhalbtausend Menschen an Bord positiv auf das Virus getestet. Erneut wird deutlich, wie aggressiv sich das Virus ausbreitet, wenn es Gelegenheit dazu bekommt.

Bis zum 11. Februar steigt die Zahl der nachweislich infizierten Personen in Deutschland auf 16. Die Infektionsketten sind nachvollziehbar. Doch das „kleckerweise" Auftreten der Erkrankung in etlichen Ländern Europas bereitet Sorgen. Die bisherigen Erkenntnisse legen nahe, dass eine Infektion höchstwahrscheinlich auch symptomfrei verlaufen kann und dass das Virus bereits vor dem Auftreten von Symptomen durch betroffene Menschen übertragen werden kann. Das Geschehen in China zeigt mehr als deutlich, was passieren kann, wenn dem Virus Zeit gegeben wird, sich unbemerkt zu verbreiten. Uns erreichen Bilder eines kollabierten Gesundheitssystems aus der Quarantänezone in Wuhan.

Die Zahl der infizierten Personen in Deutschland bleibt konstant, es werden keine neuen Fälle entdeckt. Doch der nahezu uneingeschränkte Reiseverkehr in Verbindung mit der hohen Übertragungsrate und der möglichen Symptomfreiheit infizierter Personen geben höchsten Anlass zur Wachsamkeit. Wir müssen also selbst dann eine Dunkelziffer in Betracht ziehen, wenn sämtliche bisherigen Fälle erfolgreich isoliert worden sind. Dass ein Land mit einer Bevölkerung von rund 83 Millionen Menschen tatsächlich keinen einzigen unentdeckten Fall haben sollte, grenzt unter diesen Bedingungen an eine mathematische Unmöglichkeit.

Praktisch „auf den letzten Drücker" vor Rosenmontag erreichen uns zwei alarmierende Nachrichten:

In Südkorea, das den Januar mit 6 Infektionsfällen abschloss, scheint eine Infektionswelle aufzukommen. Das Land verzeichnete – sehr ähnlich zu Deutschland oder China zu Beginn der Epidemie – eine sehr geringe und praktisch stagnierende Zahl von Infektionsfällen zwischen dem 09. und 15. Februar. Lediglich ein neuer Fall wurde in dieser Zeit erfasst, womit die Gesamtzahl von 27 auf 28 anstieg. Doch ab dem 19.02. änderte sich das Bild: An diesem Tag stieg die Zahl plötzlich um 20 neue Fälle, am Folgetag um 53, am 21. Februar bereits um 100 und am 22.02. um ganze 229 auf insgesamt 433 Fälle. Wieder zeigt sich, wie effizient sich das Virus ausbreitet.

Italien, das zwei Wochen lang bei 3 Infektionsfällen stand, scheint – wenn auch mit ein paar Tagen Rückstand – auf die gleiche Entwicklung zuzusteuern. Nachdem am 21. Februar der vierte Fall auftrat, stieg die Zahl am Tag darauf bereits auf

11, um dann am 23.02., also dem Tag vor dem deutschen Rosenmontag, auf 124 in die Höhe zu schnellen. Hinzu kommt: Zwischen Deutschland und der betroffenen Region herrscht ein durchaus reger Reiseverkehr. An diesem 23. Februar verkündet Italien, das die Parallelen zur Entwicklung in anderen Nationen erkannt hat, daraufhin die Einrichtung von Sperrzonen und beendet vorzeitig den Karneval in Venedig.

Die Lage spitzte sich im Februar dramatisch zu und machte bereits deutlich, dass uns möglicherweise eine Pandemie bislang ungekannten Ausmaßes bevorstand. Die Warnzeichen mehrten sich und vor allem: Sie kamen näher, sie kamen bedrohlich nahe. Werfen wir wieder einen Blick auf das Facebook-Profil unseres Gesundheitsministers, der – wir erinnern uns – versprach, wachsam und gut vorbereitet zu sein.

Zunächst dankt Jens Spahn am 01. Februar seiner Kollegin, der Verteidigungsministerin, und der Bundeswehr, dass die Rückholung deutscher Staatsbürger aus der betroffenen Region in China kurzfristig realisiert werden konnte. Wörtlich fügt er hinzu: „Wenn man mir in zwei Wochen vorwirft, übertrieben vorsichtig gewesen zu sein, bin ich zufrieden – denn dann hat sich alles gut entwickelt."

Am 02. Februar erfahren wir, dass zwei zurückgeholte Staatsbürger mit dem Corona-Virus infiziert sind. Sie kommen in Behandlung. Der Minister lässt wissen: „In dieser Situation ist es wichtig, dass der Staat funktioniert. Das haben wir in den vergangenen Tagen gezeigt und das werden wir auch in den kommenden Tagen zeigen."

03. Februar: Lagebesprechung des Gesundheitsministers mit dem RKI. Alle Beteiligten arbeiten „dafür, dass sich das Virus nicht ausbreitet."

Tags darauf betont Jens Spahn die Wichtigkeit einer guten internationalen Kooperation anlässlich eines Treffens mit dem britischen Gesundheitsminister in London. Später findet ein Treffen mit der französischen Gesundheitsministerin statt. Enge Kooperation wird angestrebt, weiterhin wird die kroatische Ratspräsidentschaft um die Einberufung eines Treffens der EU-Gesundheitsminister ersucht.

Am 05. Februar besucht der Minister Germersheim und informiert sich über die Situation der deutschen China-Rückkehrer. Und: Er mahnt, der Höhepunkt der Ausbreitung in China sei noch nicht erreicht, deshalb müsse davon ausgegangen werden, „dass es auch in Europa und Deutschland zu weiteren Infektionen kommen kann."

Eine wichtige Feststellung gut zwei Wochen vor Weiberfastnacht. Noch ist genug Zeit, die Notbremse zu ziehen.

Am 12. Februar lesen wir, derzeit sei nicht absehbar, ob uns eine Pandemie bevorstünde. Erneut wird gute Vorbereitung und Aufmerksamkeit betont.

In der Bevölkerung kommt von der guten Vorbereitung jedoch

nicht viel Erkennbares an.

13. Februar: Beratung der europäischen Gesundheitsminister in Brüssel. Enge Abstimmung wird betont, denn: „Ein Virus kennt keine Grenzen." Gut erkannt.

Zwei Tage später erklärt der Minister, Flugreisende aus China müssten genau befragt werden, um eine konkrete Testung zu ermöglichen. Der EU-Gesundheitsministerrat habe dies beschlossen, um die Epidemie einzudämmen.

Beim aufmerksamen Leser kommen eventuell die ersten Fragen auf. Besonders Geschäftsreisende reisen oft in mehrere Länder nacheinander, können also nach einem Aufenthalt in China noch beispielsweise in den USA, Japan, Frankreich oder Schweden Zwischenstopps gemacht haben. Logisch denkende Menschen stellen sich hier bereits die Frage, ob bzw. wie diesem Umstand Rechnung getragen wird. In der deutschen Regierung scheint man sich diese Frage zu diesem Zeitpunkt jedoch nicht zu stellen, zumindest erfahren wir nichts darüber.

24. Februar, Rosenmontag. Herr Spahn lobt das entschlossene und schnelle Handeln der italienischen Regierung, betont aber auch die Gefahr, das Virus könne sich auch in Deutschland ausbreiten. Und wieder heißt es: „Wir bleiben aufmerksam, wir bereiten uns vor und reagieren angemessen und verhältnismäßig."

Dieses Posting am Abend des Rosenmontags überrascht uns, taggleich mit Karnevalsumzügen in Köln mit geschätzten 1,5

Millionen, Düsseldorf mit 1 Million, Mainz mit 500.000 Teilnehmern und vielen mehr. Wir sind uns der Gefahr bewusst und ebenso auch der rasanten Ausbreitungsgeschwindigkeit dieses Virus. Es stellt sich die Frage, wie das gleichzeitige Abhalten von Karnevalsveranstaltungen dieser Größenordnung mit Aufmerksamkeit und Angemessenheit einhergehen könnte, wenn wir uns des Risikos bewusst sind.

Spoiler-Alarm: Kurze Zeit später werden „Ansammlungen" von 3 – in Worten: Drei (!) – Personen unter der Androhung von Geldbußen verboten sein.

Die Gesellschaft setzt währenddessen auf Humor zur Bekämpfung der Krise. Beim Düsseldorfer Karnevalsumzug können die Besucher einen Wagen bewundern, auf dem ein riesiges, wütendes, gelb-grünes Corona-Virus dargestellt ist, das von einem knallbunten „Karnevals-Virus" die lange Nase gezeigt bekommt. Die Menschen lachen köstlich über diesen gelungenen Scherz. Zwei Tage später wird es umgekehrt sein. In den Folgewochen werden tausende Menschen in Deutschland sterben, ihren Job oder gleich die ganze Existenz verlieren. Dann wird es nicht mehr lustig sein. Obwohl – das war es sowieso nie, denn zu diesem Zeitpunkt waren schon rund 2.500 Menschen durch das Virus gestorben. Aber naja, die meisten waren ja Chinesen. Und wir fragen uns, ob wir im nächsten Jahr vielleicht einen Wagen sehen werden, auf dem ein Corona-Virus einem Karnevals-Virus mit Beatmungsgerät die lange Nase zeigt oder ob die Entdeckung des Gehirns noch rechtzeitig geschieht, um uns das zu ersparen.

Einen Tag später: Jens Spahn berichtet, er bespreche sich in Rom mit seinem italienischen Amtskollegen. Die Minister aus Deutschland, Italien, Österreich, Kroatien, Slowenien, Frankreich und der Schweiz einigen sich auf eine einheitliche *Information* für Reisende von und nach Italien. Auch Daten will man austauschen. Aber: „Reisebeschränkungen haben wir nicht vorgesehen."

Wir müssen erkennen: Wir reden viel darüber, handeln aber nicht. In den letzten zwei Tagen ist die Zahl der Infizierten in Italien von 124 auf 322 angestiegen. Die Dunkelziffer wird als hoch eingeschätzt.

Die Strafe folgt auf dem Fuße – die Infektionszahl in Deutschland steigt von 16 auf 18. Nur einen Tag nach Rosenmontag bekommen wir den Beweis: Es gab eine unbekannte Dunkelziffer von Fällen während der Karnevalsumzüge. Und wir erinnern uns an den Verlauf der Infektionsstatistiken aus China, Südkorea und auch Italien: Nach einer tagelangen Stagnation nahm das Ausbreitungsgeschehen dort vehement Fahrt auf.

Am 26. Februar drei neue Fälle. Der Minister gibt den ARD „tagesthemen" ein Interview. Die neuen Fälle hätten eine „neue Qualität", da kein direkter Bezug zu China bestünde. Aber der Minister hat noch eine bemerkenswerte Ergänzung parat: Es könnte hunderte von Kontakten gegeben haben, da ja insbesondere im Rheinland Karneval gefeiert worden sei.

Tatsächlich verkündet er dies so, als handele es sich um eine überraschende Information, die er gerade zugespielt bekommen hätte. Auch bemerkt er, es sei nun schwierig, die Kontakte nachzuvollziehen und möglicherweise könne dies auch fehlschlagen.

Korrekt wäre gewesen: Es ist praktisch unmöglich und das war absehbar. 83 Millionen Menschen, keine Reisebeschränkungen – die Wahrscheinlichkeit, dass zumindest einige erkrankte Personen an Karnevalsveranstaltungen teilnahmen, lag – mit ein bisschen Nachdenken – bei rund 100 Prozent. Nun, der Minister sieht dies völlig anders.

Auf Nachfrage des Interviewers antwortet er, es sei *nicht* absehbar gewesen. Auf erneute Nachfrage, ob man damit nicht hätte rechnen müssen und ob der Karneval nicht hätte abgesagt werden müssen, antwortet er beinahe schelmisch, mit dieser Begründung müsste man ja das gesamte öffentliche Leben in Deutschland und auf der ganzen Welt beenden.

Wie wir mittlerweile wissen, wird genau das die Konsequenz der Inkonsequenz in diesen entscheidenden Tagen sein. Die ganze Nation wird einen hohen Preis dafür zahlen, dass unsere Regierung sich nicht dazu durchringen konnte, eine Party abzusagen, die man zu jedem beliebigen Zeitpunkt hätte nachholen können.

Weiter gibt der Minister zum Besten, in Italien und China könne man erkennen, dass das Infektionsgeschehen nicht beendet würde, wenn Orte unter Quarantäne gestellt würden.

Eine interessante Aussage, denn China hatte mittlerweile die Zahl der Neuinfektionen pro Tag auf deutlich unter 1.000 Fälle reduziert. Stattdessen zeigte der Verlauf in China in Wirklichkeit etwas anderes, nämlich über welch langen Zeitraum strengste Quarantänemaßnahmen nötig werden, um einmal gemachte Fehler wieder in den Griff zu bekommen. Von dieser Seite schien Herr Spahn die Sache nicht betrachtet zu haben. Warum auch? Schließlich hatte China zu dieser Zeit beinahe 80.000 Infektionsfälle. Absolut unvergleichbar mit unseren gerade einmal gut 20 Fällen.

Spoiler-Alarm: In wenigen Wochen wird Deutschland China bei der Zahl der Infizierten überholen und um 100 Prozent toppen. Gemessen an der Einwohnerzahl wird es uns über 30 mal schlimmer treffen als China. Wir werden es dann vorziehen, uns mit Italien und den USA zu vergleichen.

Aber Herr Spahn ist noch nicht fertig mit seiner Expertise in diesem Interview. Im Austausch mit seinen Amtskollegen sei weiterhin klar geworden, dass der Reise-, Tourismus- und Geschäftsverkehr sowie auch die familiären Kontakte um die Region Norditalien herum so intensiv seien, dass eine Beschränkung mehr Schaden anrichten würde als der jetzige Umgang mit dem Virus.

Diese Aussage ist bezeichnend. Rückschauend können wir uns dadurch ein gutes Bild von der Urteilsfähigkeit unseres Gesundheitsministers machen. Wenn wir uns sehr optimistisch auf einen vorläufigen wirtschaftlichen Schaden von einer Billion – das sind eintausend Milliarden oder eine Million

Millionen – Euro festlegen, von tausenden von Todesfällen ganz zu schweigen, dann wird klar: Jens Spahn hat sich um das Tausendfache verschätzt. Und damit nach dem Rosenmontag auch die zweite Tür für das Virus nicht geschlossen.

Als Maßnahmen kündigt er an, die Pandemiepläne in den Ländern in den Fokus zu stellen und insbesondere im medizinischen Bereich die Vorbereitungen voranzutreiben. So weit so gut – doch es folgt direkt der nächste Blackout: Rückreisende aus Norditalien sollen im Rahmen einer Kampagne – Achtung! – *informiert werden* über Verhaltensweisen und darüber, an wen sie sich wenden könnten, wenn Symptome auftreten.

Nochmals: Zu diesem Zeitpunkt ist bereits erkannt worden, dass eine Infektion auch symptomfrei verlaufen kann. Ebenso bekannt ist, dass Betroffene bereits tagelang vor dem Auftreten etwaiger Symptome infektiös sein können. Eine rechtzeitige Reaktion des Betroffenen – bevor es zu weiteren Infektionen kommt – ist praktisch ausgeschlossen.

Ein Krisenstab werde nun eingesetzt. Weiter erklärt der Minister dazu, dass er bezüglich früherer Aussagen nach dem Motto, die Lage sei im Griff, immer betont habe, vom jeweiligen Zeitpunkt zu sprechen und dass die Lage sich jederzeit ändern könne.

Sinngemäß klingt das wie ein berühmtes Zitat von Thomas Häßler, der einmal sagte: „Wir wollten in Bremen kein Gegentor kassieren. Das hat auch bis zum Gegentor ganz gut geklappt." Oder anders gesagt: Das Virus gibt den Takt vor, wir laufen hinterher. Weil wir eben überhaupt keine präventiven Maßnahmen ergreifen. Wir haben es zwar behauptet, tatsächlich getan haben wir nichts. Verantwortung? Fehlanzeige. Mehr noch, unser Gesundheitsminister setzte seine Serie von Fehlentscheidungen unverdrossen fort. Öffentliches Leben nicht einschränken, keine Reisebeschränkungen, lediglich Belehrungen für Rückreisende aus Hotspots. Viel mehr kommt nicht.

Oder doch – es gibt noch Ratschläge für jedermann: In die Ellenbeuge niesen, gut die Hände waschen und dergleichen. Ach ja, und Großveranstaltungen meiden. Herzlichen Dank für diesen Hinweis – zwei Tage nach Rosenmontag. Mit anderen Worten: Die Veranstaltungen werden nicht unterbunden, aber wer nicht krank werden möchte, sollte lieber nicht hingehen. Frei nach dem Motto: „Dusch mich, aber mach mich nicht nass." Schon in wenigen Tagen wird es sich wie ein Treppenwitz anhören, wenn der Minister abschließend bezüglich Auslandsreisen darauf eingeht, dass das Infektionsgeschehen unter anderem in Südkorea und Japan besonders ausgeprägt sei. Denn Deutschland wird noch im März ein Vielfaches der Infektionsfälle verzeichnen wie diese beiden Länder zusammen. Zu diesem Zeitpunkt unvorstellbar, mit drei weiteren Wochen ohne jegliche messbare Maßnahme aber durchaus machbar.

Am 27. Februar lesen wir auf dem Facebook-Profil von Jens Spahn: „Wir befinden uns am Beginn einer Coronavirus-Epidemie". Der Minister verweist auf den eingesetzten

Krisenstab, weiter heißt es: „Wir tun alles, um unsere Bürger bestmöglich zu schützen. Schnell, angemessen und effektiv."

Drei Tage nach den Super-Spreader-Events vom Rosenmontag sind diese Aussagen ein Schlag ins Gesicht für jeden denkenden Menschen.

Am gleichen Tag meldet die Presse die Absage des Karnevals in Griechenland. Griechenland hatte zu diesem Zeitpunkt 3 nachgewiesene Infektionsfälle. Für die Regierung in Athen Grund genug, ihre Bevölkerung nicht grob fahrlässig einer Gefahr auszusetzen. Nachdem man bei uns jedoch bereits dem Karneval den Vorzug vor der Gesundheit der Menschen gegeben hat, bleiben wir auch konsequent am Ball, denn morgen beginnt ja der nächste Spieltag der Fußball Bundesliga mit erfahrungsgemäß deutlich über 300.000 Menschen in den Stadien, da wollen wir ja kein Spielverderber sein.

Erste März-Hälfte 2020

Bis weit in den März hinein gewinnen wir durch die Verlautbarung unserer Regierung eigentlich wenig neue Erkenntnisse. Es wiederholen sich gebetsmühlenartig Hygienehinweise, Handlungsempfehlungen und dergleichen, während die Ausbreitung des Virus in Deutschland immer schneller voranschreitet. Das Ziel lautet nun längst nicht mehr, die Ausbreitung zu verhindern, sondern lediglich zu verlangsamen und möglichst einzudämmen. Auch die bisherigen Quarantäne-Maßnahmen, bei denen Infizierte isoliert wurden, sind aufgrund der Vielzahl der Fälle nun nicht mehr durchführbar. Es wird auf die einfachste Form der Quarantäne umgestellt. Man überlässt infizierte Personen sich selbst – Quarantäne in Eigenverantwortung lautet das Motto – ungeachtet des Infektionsrisikos für Angehörige.

Die Absage von Veranstaltungen wird in die Hände der lokalen Gesundheitsbehörden gegeben. Kurze Zeit später folgt Kritik an der zu zaghaften Absage von Veranstaltungen mit über 1.000 Teilnehmern, passenderweise lässt man jedoch gleichzeitig den 25. Spieltag der Fußball Bundesliga stattfinden. Wieder zeigt sich: Es wird viel geredet, aber nichts getan. Zu diesem Zeitpunkt sind über 900 Infektionsfälle nachgewiesen. An beiden nach Karneval stattgefundenen Spieltagen der ersten und zweiten Bundesliga zusammen waren insgesamt über eine Million Zuschauer in den Stadien. Erst danach werden Großveranstaltungen tatsächlich untersagt.

Ernstzunehmende Maßnahmen suchen wir überwiegend vergebens. Selbst am 13. März finden wir auf dem Facebook-Profil unseres Ministers nur einen Aufruf an alle, die innerhalb der letzten 14 Tage in Italien, der Schweiz oder Österreich waren, unnötige Kontakte zu vermeiden und zwei Wochen zu Hause zu bleiben, gleichgültig ob mit oder ohne Symptome. Eine recht lockere Vorgehensweise in Anbetracht der Tatsache, dass wir an diesem Tag bereits über 2.200 Fälle haben – Italien über 17.000.

Die WHO ihrerseits erklärte COVID-19 bereits zwei Tage zuvor zur Pandemie.

Zum Abschluss der ersten Phase beeindruckt uns unser Gesundheitsminister auf seinem Profil einmal mehr mit einem besonderen Beweis seiner Vertrauenswürdigkeit:

Am 14. März folgt eine wichtige Information des Gesundheitsministeriums – es sind schlimme Fake-News im Umlauf. Fälschlicherweise werde verbreitet, die Regierung plane, bald massive Einschränkungen des öffentlichen Lebens anzukündigen:

„Das stimmt nicht! Diese und ähnliche Falschinformationen verunsichern gerade viele Bürgerinnen und Bürger. Bitte helfen Sie mit, ihre Verbreitung zu stoppen und sie richtig zu stellen. Lassen Sie uns gerade jetzt besonnen bleiben und einander auch unter Stress vertrauen."

Ja, Vertrauen ist schon sehr wichtig. Apropos Fake-News: Die Verkündung der ersten Stufe des „Lockdowns" erfolgte ganze zwei Tage später. Klar ist: Wer so vorgeht, der darf sich über das Aufkommen von Verschwörungstheorien später nicht wundern. Es entsteht der Eindruck, unsere Regierung versorge uns gezielt mit Fehlinformationen und fordere die Bevölkerung noch dazu auf, der Wahrheit entschlossen entgegenzutreten, während hinter den Kulissen eine elitäre Clique ganz andere Pläne verfolgt. Keine gute Strategie, wenn man auf das Vertrauen der Bevölkerung baut. Genau diese Verhaltensweisen geben Verschwörungstheorien den maximalen Schub. Sollte der Gesundheitsminister tatsächlich nichts über die bevorstehenden Maßnahmen gewusst haben, wäre auch das keine Verbesserung. Schlimmer noch, es würde bedeuten, dass selbst in höchsten Regierungskreisen die eine Hand nicht weiß, was die andere tut. Ob nun gelogen oder schlicht chaotisch - Souveränität geht jedenfalls anders.

Weil es gerade gut passt, eine kleine Anekdote am Rande: Einen Tag vor besagtem Posting rief mich ein Freund an, der gerade am Monatsersten eine neue Stelle angetreten hatte. Er hatte – natürlich am Freitag dem 13. – einen Anruf seines Chefs bekommen. Dieser kündigte ihm den Zugang der Kündigung innerhalb der Probezeit an. Tatsächlich fand er diese am nächsten Tag in seinem Briefkasten. Der genannte Grund: In einer Telefonkonferenz mit den Top-Managern des Unternehmens erklärten diese unter Berufung auf ihre guten Kontakte zu hochrangigen politischen Kreisen, spätestens ab dem kommenden Dienstag würden tiefgreifende Einschränkungen des täglichen Lebens, darunter auch viele Geschäftsschließungen wirksam werden. Daher solle man sich von Mitarbeitern in der Probezeit schnellstmöglich trennen, da auch die eigenen Betriebsabläufe hierdurch in Mitleidenschaft gezogen würden. Und so geschah es. Die Zusage seines Chefs, ihn wieder einzustellen, wenn „der Spuk vorbei" sei, tröstete ihn wenig. Ich bekam also von meinem Freund eine zuverlässigere Information als von unserem Gesundheitsministerium.

Immerhin konnten wir am Ende dieser ersten Phase nun einige Vokabeln recht zuverlässig übersetzen:

Enge Abstimmung:
Wenn einer einen gravierenden Fehler macht, machen ihn alle anderen auch.

Wachsamkeit und gute Vorbereitung:
Wir schauen uns das Ganze einfach einmal an und vertrauen auf unser Gesundheitssystem – es wird schon irgendwie damit zurechtkommen.

Angemessenes und verhältnismäßiges Handeln:
Wir beschränken uns darauf, die ausgewerteten Zahlen der Vorwoche zu kommentieren. Prävention ist Privatsache des Einzelnen.

Sie erkennen hier wunderbar die drei Phasen der Nutzlosigkeit: Verpennen, vergeigen, Verantwortung abstreiten. Abschließend kommen wir zu dem Ergebnis: Wir wuschen uns oft die Hände in dieser Zeit – und am liebsten in Unschuld.

Phase II: Zwischen Lockdown und Lockerung

Da die meisten von uns die Maßnahmen des Lockdowns praktisch am eigenen Leibe erlebt haben, möchte ich mich mit dieser Schilderung relativ kurz halten. Auch sind hier die exakten Daten nicht von so vehementer Bedeutung wie in Phase eins. Dennoch schadet es nicht, sich einen kurzen Überblick hierüber zu verschaffen, besonders, um im Nachgang einen Blick auf die Vorbildfunktion unserer Politiker während dieser Phase zu werfen und erkennen zu können, wie realitätsnah oder -fern die Wahrnehmung einiger unserer Volksvertreter eigentlich ist.

Fest steht, mit dem verstärkten Auftreten der Kanzlerin wurde COVID-19 zur Chefsache, und das erscheint schon einmal höchst sinnvoll. Weshalb Angela Merkel hier nicht früher offensichtlich die Führung an sich gezogen und das Kasperletheater ihres wirkungslos und überfordert wirkenden Minister-Azubis beendet hat, nun, das wird wohl ihr Geheimnis – und ihr größter Fehler in dieser Krise – bleiben.

Nachdem wir nun alle seit dem Wochenende im Vertrauen auf die Verlautbarungen unseres Gesundheitsministeriums jeden als Verschwörungstheoretiker beschimpft hatten, der von einem bevorstehenden Lockdown zu sprechen wagte, trat die Kanzlerin am 16.03.2020 vor die Presse und erklärte, welche Maßnahmen praktisch ab sofort ergriffen werden sollten.

Eine kurze Zusammenfassung der vorgesehenen Einschränkungen:

Bars, Clubs, Discos, Kneipen und ähnliche Betriebe waren genauso zu schließen wie Theater, Kinos, Museen, Freizeit- und Tierparks, Spezialmärkte, Spielplätze, Fitnessstudios, Schwimmbäder und so ziemlich alle Anbieter von Freizeitaktivitäten.

Zusammenkünfte in Vereinen, Sport- und Freizeiteinrichtungen wurden ebenso untersagt wie Gottesdienste, außerschulische Bildungseinrichtungen wurden geschlossen, Reisebusangebote sowie Übernachtungsangebote zu touristischen Zwecken wurden unterbunden.

Etliche Angebote des Einzelhandels mussten eingestellt werden. Weiterhin betrieben werden durften dagegen unter anderem Geschäfte des Lebensmitteleinzelhandels, Wochenmärkte, Liefer- und Abholdienste, Getränkemärkte, Apotheken, Sanitätshäuser, Drogerien, Tankstellen, Banken und Sparkassen, Poststellen, Frisöre, Reinigungen bzw. Waschsalons, Zeitungsverkauf, Bau-, Garten- und Tierbedarfsmärkte und der Großhandel.

Alle medizinischen Einrichtungen blieben in Betrieb, für sensible Bereiche wurden besondere Auflagen verkündet, so beispielsweise Besuchsregelungen für Krankenhäuser und Pflegeeinrichtungen.

Deutlich erhöhte Hygienestandards wurden bei allen eingefordert. Besonders klar definiert wurden die Auflagen für die Gastronomie. Dazu gehörten die Vorgabe von Öffnungszeiten, Abstandsregelungen und Reglementierungen der Besucherzahlen.

Auf die Frage eines Pressevertreters antwortete Angela Merkel, je mehr Menschen sich an diese Vorgaben hielten, umso schneller würde diese Phase durchgestanden werden. Der Maßstab sei nicht, was wir wollen, sondern die tatsächliche weitere Entwicklung der Pandemie. Sie erklärte dies frei gesprochen und flüssig, woran erkennbar war, dass Sie die Lage durchaus verstanden hatte.

Später wurden dann auch nicht-medizinische Angebote der Körperpflege eingestellt sowie der größte Teil der Gastronomie, sofern es sich nicht um Liefer- oder Abholangebote handelte.

Handwerker, Dienstleister und produzierende Industrie blieben weitestgehend unbehelligt von Betriebseinstellungen, aber auch hier galten verschärfte Hygiene- und Abstandsregelungen. Für viele Menschen gab es also kein Recht, zu Hause zu bleiben, selbst wenn sie gewollt hätten. Es war praktisch ein Kompromiss aus Lockdown und wirtschaftlichen Interessen – „Lockdown light", so könnte man sagen. Ein Großteil der Prävention wurde also zur Privatsache des Einzelnen erklärt.

Auffällig daran war das soziale Gefälle der Konsequenzen. Viele gutverdienende Bürger erhielten die Möglichkeit, vom Home-Office aus zu arbeiten, andere unter zumindest einigermaßen guten Sicherheitsvorkehrungen. Für viele Menschen, die im Niedriglohnsektor tätig waren, bedeuteten diese Maßnahmen jedoch entweder den Verlust ihrer Arbeit, den Absturz in die Grundsicherung durch Kurzarbeit oder sie mussten schlichtweg weiter arbeiten, während manch ein Arbeitgeber meinte, durch das Aufhängen eines Desinfektionsmittelspenders seiner Verpflichtung zur Fürsorge vollumfänglich gerecht geworden zu sein, da die betrieblichen Abläufe keine weitergehenden Abstandsregelungen zuließen. Wer dagegen aufbegehrte, konnte mit dem Verlust seines Arbeitsplatzes rechnen. Während sich ein Großteil der besserverdienenden Bevölkerung also zu Hause verschanzte und darüber beklagte, wie furchtbar es sei, mit der eigenen Familie zusammengesperrt zu sein, genoss ein großer Teil der weniger gut bezahlten Arbeitnehmer keinen wirklichen Schutz oder fiel unter die Armutsgrenze. Dass Corona uns alle gleich mache, das verkündeten dieser Tage insbesondere diejenigen, die den besten Schutz genossen und denen es wirtschaftlich gut ging. Diejenigen, denen es anders erging, konnten diese Sichtweise überwiegend nicht teilen.

Vor allem aber wurden in der Folge auf Landesebene sehr strenge Kontaktbeschränkungen erlassen, für deren Missachtung empfindliche Geldbußen in Aussicht gestellt wurden. So waren im größten Teil Deutschlands Versammlungen von 3 oder mehr Personen, die nicht aus demselben Haushalt stammten, verboten.

Wie die Kanzlerin betonte, gehe es bei diesen Maßnahmen insbesondere darum, eine Überforderung des deutschen

Gesundheitssystems zu vermeiden.

Nach nur rund einem Monat, in dem diese Einschränkungen galten, wurden bereits am 15.04. wieder erste Lockerungen verkündet oder in Aussicht gestellt.

So durften Geschäfte bis zu 800 Quadratmetern wieder öffnen. Die schrittweise Öffnung von Schulen, beginnend mit den Abschlussklassen sowie die Öffnung von Frisörbetrieben ab dem 04. Mai wurden in Aussicht gestellt. Für alles gab es strenge Auflagen, so wurde ein Mindestabstand von 1,5 Metern eingefordert (natürlich nicht bei Frisören), zusätzlich strenge Hygienestandards, für viele Teilbereiche sollten noch spezielle Konzepte ausgearbeitet werden.

Die Botschaft der Kanzlerin war weiterhin klar: Äußerste Vorsicht habe zu gelten, daher erging auch die dringende Empfehlung, einen Mund-Nasen-Schutz zu tragen, insbesondere im Handel und im öffentlichen Personen-Nahverkehr. Die Länder erklärten diese Maßnahme im Anschluss zur Pflicht.

Großveranstaltungen dagegen wurde bereits bis Ende August 2020 eine Absage erteilt.

Anfang Mai bereits gab es die nächste Lockerungswelle, mit teilweise gelockerten Kontaktbeschränkungen, die jedoch immer noch gravierend waren. Dennoch sollte auch der Gastronomie nun wieder Gelegenheit gegeben werden, unter strengen Restriktionen den Betrieb wieder aufzunehmen.

Mindestabstand von 1,5 Metern, Mund-Nasen-Schutz und das Geringhalten von sozialen Kontakten blieben dennoch die Kernaussage.

Gleichzeitig wurde eine Marke von 50 Neuinfizierten je 100.000 Einwohnern verkündet, bei der, sofern sie binnen 7 Tagen gerissen würde, für den betroffenen Landkreis eine Aufhebung der Lockerungen zu beschließen sei.

Wichtig ist festzustellen: Nach lediglich einem Monat des Lockdowns wurden also bereits die ersten Lockerungen beschlossen, weitere folgten rund drei Wochen darauf. Angesichts der Tatsache, dass dies ein bisher einmaliger Vorgang in der Geschichte unseres Landes war, war es umso beeindruckender, in welcher Geschwindigkeit hier die Weichen in Richtung einer zumindest teilweisen Rückkehr zur „Normalität" gestellt wurden. Während bei den Maßnahmen zur Gefahrenabwehr und Vorsorge wochenlang verharmlost und verzögert wurde, hatten wir es mit der Rückkehr zur Normalität äußerst eilig. Unter massivem Druck der Wirtschaft teilweise ungeachtet der tatsächlichen Risikosituation.

An dieser Stelle wird es Zeit, anhand der Fakten und der bisherigen Ereignisse und Entscheidungen ein Zwischenfazit zu ziehen. Wurden unsere politischen Entscheidungsträger ihrer Verantwortung gerecht? Wie gut war unser Krisenmanagement wirklich? Waren wir so erfolgreich, wie man uns glauben machen will? Überaus wichtige Fragen, denen wir auf den Grund gehen sollten. Wie? Mit unserem gesunden Menschenverstand. Dementsprechend müssen wir hier zuvor noch auf eine Frage eingehen, nämlich: Ist so etwas überhaupt erlaubt? Ich finde, es ist sogar verpflichtend. „Gesunder Menschenverstand – das ist ja lächerlich. Das ist viel zu profan für eine solche Thematik!", vernehme ich schon die Kritik daran, wie man überhaupt so etwas Abwegiges in Betracht ziehen könne. Und man muss zugeben, dass gesunder Menschenverstand ziemlich aus der Mode gekommen zu sein scheint. Unsere Gesellschaft teilt sich immer mehr auf in jene, die widerspruchslos alles hinnehmen, ohne darüber nachzudenken – der berühmte Schweizer Querdenker Erich von Däniken sprach einmal von der „Mitnickergesellschaft", das scheint mir sehr treffend – und jenen, die alles in Zweifel ziehen, nur weil es jemand anderes gesagt hat. Und genau deshalb halte ich es für angebracht, diesem Rudiment unseres Geistes wieder mehr Aufmerksamkeit zu widmen, als es derzeit erfährt. Es muss schließlich noch etwas geben zwischen Mitnickern und Krawallmachern. Vielleicht werden Sie überrascht sein, wie einfach sich die Dinge gestalten, wenn wir mit dem gesunden Menschenverstand die Aspekte herausarbeiten, die wirklich von Bedeutung waren. Es sind in der Tat sehr wenige – umso erschreckender mag es anmuten, wie kopflos und desorientiert die Verantwortlichen handelten.

Bevor wir uns der Beurteilung der Ereignisse widmen, erlauben wir uns also einen kleinen, aber wichtigen Exkurs. Warum sollten wir dies alles eigentlich überprüfen und sind „Normalbürger" überhaupt qualifiziert für so etwas? Wenn man den Beteuerungen führender Politiker und Virologen Glauben schenkt, dann haben wir schließlich alles richtig gemacht. Wir haben frühzeitig, entschlossen und umsichtig gehandelt und sind deshalb eines der erfolgreichsten Länder auf der Welt bei der Bekämpfung des Corona-Virus. Aber: Stimmt das wirklich? Das sollten wir sogar *unbedingt* überprüfen.

Nun, wenn die Experten so einhellig gleicher Meinung sind, dann muss es doch stimmen, sollte man annehmen. Insbesondere, da nicht nur die verantwortlichen Politiker diese These vertreten, sondern hier auch noch Zuspruch von führenden Virologen erhalten und das sind schließlich Experten auf diesem Gebiet. Wer nun etwas anderes behauptet, wird schnell zum Verschwörungstheoretiker erklärt. Aber warum in vorschnellen Pauschalaussagen denken, wenn wir doch alle über einen gesunden Menschenverstand verfügen, mit dem wir all das überprüfen können? Ganz klar, weil wir einfach nicht über genug Fachwissen verfügen, um das alles beurteilen zu können. Wenn ein Gesundheitsminister und ein führender Virologe gleichermaßen behaupten, es seien keine Fehler gemacht worden, dann muss es stimmen. Es lohnt sich also gar nicht, dass sich „Normalbürger" mit dieser Frage auseinandersetzen. Fachwissen ist hier mehr gefragt als gesunder Menschenverstand. Wir sollten uns hier besser heraushalten. Das ist es, was viele denken. Falsch gedacht.

Wenn wir uns für einen Moment von dieser Denkfaulheit verabschieden, wie es sich in einer demokratischen und gebildeten Gesellschaft eigentlich gehört, dann werden wir schnell erkennen: Ja, Fachleute sind in derartigen Krisen von unschätzbarem Wert. Den größten Wert jedoch hat tatsächlich der gesunde Menschenverstand. Und ich betone: Der *gesunde* Menschenverstand, nicht irrationale Verrücktheit kraft eigener Einbildung, leider verwechseln das heute einige. Und so lässt sich auch für den Laien besonders in der Rückbetrachtung gut erkennen, wann welche Fehler gemacht wurden und zu welchen Konsequenzen diese geführt haben.

Weshalb sollte also ein Virologe besser ermessen können, welche Auswirkungen welche Maßnahmen beispielsweise im Bereich der Gastronomie haben oder auf die Gesellschaft im Allgemeinen? Die Antwort lautet: Überhaupt nicht. Zwar kann ein Virologe eine gute und fachkundige Einschätzung dazu äußern, welche Maßnahmen sich wie auf das Ausbreitungsgeschehen einer Infektionskrankheit auswirken. Die spezifischen Rahmenbedingungen, die – zum Beispiel in bestimmten Branchen – zusätzlich zu berücksichtigen sind, bleiben dabei jedoch meist außen vor. Für eine realitätsnahe Einschätzung der Faktoren, die nicht in den Bereich der Virologie fallen, ist ein wesentlich breiteres Spektrum der

Wahrnehmung erforderlich. Oder einfacher gesagt: Wenn Sie einen Virologen fragen, wie Lockerungen in der Gastronomie funktionieren könnten, dann ist das in etwa so, als würden Sie einen Top-Ingenieur aus der Fahrzeugentwicklung eines Automobilkonzerns dazu befragen, wie man eine PKW-Maut am besten gestalten könnte. Irgendwie fällt es ja in das Themenfeld Automobil. Sie merken schon: Das ist nur teilweise richtig.

Fachspezialisten neigen dazu, alles ihrem Fachgebiet unterzuordnen. Genau darin liegt ihre Stärke und das ist auch gut so. Sie verfügen über sehr großes und tiefgehendes Wissen in einer speziellen Disziplin. Ein Virologe könnte also sagen, welche Maßnahmen – bleiben wir einmal bei unserem Beispiel – im Falle von Lockerungen für die Gastronomie aus rein wissenschaftlicher Sicht sinnvoll oder notwendig sind. Was ein Virologe jedoch nicht zwangsläufig beurteilen kann, sind weitergehende Fragen wie: Ist das für die Gastronomen mit angemessenem Aufwand umsetzbar? Ist es wirtschaftlich durchführbar? Wie reagiert die Öffentlichkeit darauf – wird es überhaupt in dieser Form angenommen werden? Und insbesondere: Welche Sollbruchstellen beinhaltet ein solches Konzept, welche Verstöße sind von vornherein zu erwarten? Denn wir wissen, dass der Mensch dazu neigt, sich über Vorschriften hinwegzusetzen, wenn er in eine Zwickmühle gerät. Kein Wunder also, dass mancher Politologe, der sich Gedanken über die gegenseitigen Einflüsse von Politik, Wirtschaft und Gesellschaft macht, hier wesentlich bessere Einschätzungen abgab als die meisten Virologen. Und so verwundert es nicht, dass die Virologen, die sich bezüglich der wissenschaftlichen Erkenntnisse über COVID-19 überwiegend durchaus einig waren, dennoch völlig unterschiedliche Meinungen hatten, welche Maßnahmen daraus resultieren sollten.

Es braucht also eine universellere Betrachtung, um hier die Erkenntnisse der Fachexperten in *sinnvoller Weise* umsetzen zu können. Diesbezüglich ist der gesunde Menschenverstand nach wie vor die beste Qualifikation, die wir kennen. Und genau hier liegt auch die maßgebliche Sollbruchstelle unserer Vorgehensweise. Die Überprüfung anhand des gesunden Menschenverstandes scheint überwiegend in Vergessenheit geraten zu sein. Am Ende stehen dann oft ausgezeichnet klingende, hochkomplizierte Lösungen, die zwar auf ausgezeichnetem Fachwissen beruhen, denen es jedoch an der Umsetzbarkeit in der Realität mangelt. Vielleicht kennen Sie den lustigen Spruch: „Sie haben so viele Waschmaschinen gewonnen, wie Sie mit einer Hand tragen können." Solche Lösungen meine ich.

Es gibt noch ein weiteres Problem bei der Expertise hochrangiger Spezialisten. Im Grunde genommen weiß jeder von uns, wovon die Rede ist: Konditioniertes Denken. Abhängig von unserer Person, unseren gemachten Erfahrungen, unserem Umfeld und unserer derzeitigen Verfassung und Lebenssituation denken wir in bestimmten Mustern und Kategorien. Ein schönes Beispiel dafür ist die immer wieder gern (und übrigens zu Unrecht) der französischen Königin Marie Antoinette in den Mund gelegte Aussage, wenn das Volk kein Brot habe, solle es doch Kuchen essen. Jeder von uns lebt also ein kleines bisschen in seiner eigenen (Erfahrungs-)Welt. Wenn Sie sich das vor Augen führen und dabei überlegen, dass praktisch kein einziger der exponierten Entscheidungsträger Normalverdiener ist, dann lassen sich auch einige Fehleinschätzungen dieses Personenkreises besser verstehen. Und das gesellschaftliche Umfeld, in dem sie sich bewegen, entspricht ebenfalls zumeist ihrer Gehaltsklasse. Vielen dieser Menschen fällt es mangels eigener Erfahrung – oder weil die eigenen Erfahrungen zu lange zurückliegen – äußerst schwer, sich in die Situation eines Normalbürgers hinein zu versetzen. Es ist ein Unterschied, schon einmal davon gehört zu haben, dass Menschen ihre Miete nicht mehr aufbringen können, oder selbst bzw. im persönlichen Umfeld solche Fälle miterlebt zu haben. Im Allgemeinen nimmt dieser Personenkreis dieses Defizit nicht wahr. Man geht, ähnlich dem, was man aus der Computertechnologie kennt, davon aus, „abwärtskompatibel" zu sein. Soll heißen: Reiche Menschen können sich also sehr wohl vorstellen, wie das Leben weniger reicher oder armer Menschen funktioniert, umgekehrt jedoch nicht. Das ist eine weit verbreitete Denkweise. Und aus genau dieser irrigen Annahme resultieren viele fürchterlich dumme Fehleinschätzungen.

Wenn also jemand die Prämisse ausgibt, Restaurants dürften wieder öffnen, allerdings nur unter diesen und jenen Auflagen, also beispielsweise nur mit maximal halber Kapazität, erhöhten Hygienevorschriften, Nachweisführung über die Identität der bewirteten Gäste und nur Personen desselben Haushalts dürften am gleichen Tisch Platz nehmen, dann hat derjenige dabei eventuell seinen Lieblingsitaliener vor Augen, bei dem er gern und häufig mit seiner Gattin diniert und hierfür – inklusive einer Flasche vorzüglichen Weins – gut und gern 150 Euro bezahlt und dann natürlich auch gern 20 Euro Trinkgeld gibt. Dort wird die Umsetzung eines solchen Konzepts sicherlich gut machbar sein. Problem gelöst. Für viele Gastronomen aber ist damit überhaupt nichts gelöst. Einige dürfen nur noch eine Handvoll Gäste bewirten, so dass nicht einmal ein kostendeckender Betrieb möglich ist. Für einige ist es unter diesen Umständen sogar günstiger, den Betrieb gar nicht wieder aufzunehmen, da die Verluste so geringer sind. Viele Restaurants kommen auch gar nicht über hochpreisige Speisenangebote ins Verdienen, sondern schlicht über die Masse von Gästen, die zum Buffet gehen oder über Familien-, Betriebs- und Kegelclub-Feiern, die mit einer langen Getränkerechnung verbunden sind. Die Marge beim Jägerschnitzel mit Pommes ist eben nicht ganz dieselbe wie bei Lammbries an Safranreis.

Und letztlich bedeutet die Tatsache allein, dass Restaurants grundsätzlich wieder öffnen dürfen nicht zwangsläufig, dass auch alle Gäste zurückkehren. Wer von Kurzarbeit oder Arbeitslosigkeit betroffen ist und Probleme hat, die fälligen Raten für sein Haus, sein Auto oder schlichtweg seine Miete zu bezahlen, der hat einfach kein Geld übrig, um es in die Gastronomie zu tragen. Andere bleiben aus Vorsicht weg, um kein unnötiges Infektionsrisiko einzugehen. Und mancher hat einfach keine Freude an einem Restaurantbesuch unter diesen Bedingungen. Und was ungern thematisiert wird: Wer aus wirtschaftlichen Nöten heraus praktisch gezwungen ist, die

Möglichkeit der Wiedereröffnung zu nutzen, obwohl er das Konzept nicht korrekt umsetzen kann (oder will), der wird zum Risiko für die Gesellschaft. Den Niedergang der eigenen Existenz vor Augen, die Angst und vor allem die Bank im Nacken, da wird der eine oder andere naturgemäß erfinderisch. Behördliche Kontrollen sind hier nur begrenzt wirksam, das wissen wir aus der Erfahrung. Dies sollten nur ein paar Beispiele sein, um zu verdeutlichen, welche Problematiken in der Praxis auftreten können, bei deren Lösung gesunder Menschenverstand hilfreich wäre.

Stattdessen konnte man des Öfteren den Eindruck bekommen, die Entscheidungsträger lebten in einer anderen Welt. Und dem ist auch so. Das gilt insbesondere für die Verantwortlichen in der Politik. Der Normalbürger ist leider für viele unserer Politiker zum unbekannten Wesen geworden, über dessen Denkweise, Gewohnheiten und Lebensumstände nur noch Mutmaßungen angestellt werden, als handele es sich um hypothetische Aliens. Der Bezug zur Basis scheint verloren gegangen zu sein. Das Argument, die Expertisen hochdekorierter Spezialisten, Minister und Virologen seien über jeden Zweifel erhaben und ihr Urteil sei stets dem gesunden Menschenverstand des Normalbürgers überlegen, ist eine fatale Fehleinschätzung. Für die Experten selbst ist es ein Totschlagargument, um jedes Hinterfragen ihrer Kompetenz ohne Sachargumente im Ansatz abzuwürgen. Für die breite Masse ist es eine bequeme Rechtfertigung für Denkfaulheit und dafür, sich mit Verweis auf eben diese Entscheidungsträger der eigenen Verantwortung zu entledigen. Nebenbei bemerkt: Diese Problematik befeuert die

Radikalisierung in Teilen der Gesellschaft wie keine andere. Wenn Menschen permanent vergessen werden und auf berechtigte Fragen keine oder arrogante und dumme Antworten erhalten, dann radikalisieren sich einige davon. Das ist keine neue Erkenntnis. So richtig verstanden worden ist dieser Mechanismus jedoch offenbar noch immer nicht.

Und so gibt es dann noch das andere Lager, das der sogenannten „Verschwörungstheoretiker". Ich persönlich mag dieses Wort überhaupt nicht. Ich mag es deshalb nicht, weil es vollkommen zu Unrecht kontaminiert ist. Es hat seine eigentliche Wortbedeutung vollständig verloren und ist zu einem Schimpfwort geworden, das ebenfalls dazu dient, Diskussionen im Keim zu ersticken und Opponenten zu diskreditieren. Vom Wortsinn her wäre ein Verschwörungstheoretiker eigentlich nichts anderes als eine Person, die eine Theorie äußert, nach der grenzwertige, unethische oder illegale Machenschaften der Öffentlichkeit vorenthalten werden. Und von diesen Machenschaften haben wir viele tatsächlich erlebt. Von fingierten Kriegsrechtfertigungen der USA vom Vietnam- bis zum Irakkrieg, von der Versenkung der Rainbow Warrior bis hin zu den recht aktuellen Erkenntnissen, zu denen uns die Whistleblower Manning und Snowden verholfen haben und letztlich dem Abgasskandal vor unserer eigenen Garagentür — solche Dinge hat es immer gegeben. Deshalb ist es umso verwunderlicher, dass es gelungen ist, den eigentlich neutralen Begriff „Verschwörungstheoretiker" mit so dermaßen negativen Assoziationen zu kontaminieren, dass darunter nur noch Spinner und Verfechter tatsächlich abstruser und realitätsferner, fixer Ideen verstanden werden. Und natürlich tauchen – wie könnte es anders sein – derartig abstruse, widersprüchliche und recht sinn- und logikfreie Theorien im Zuge der Corona-Krise haufenweise auf. Und diese bekamen erstaunlich großen Zulauf. Tatsächlich waren nur wenige Theorien dabei, die auch nur eine 5-minütige Recherche und Überprüfung überstehen könnten. Die meisten dieser Theorien sind derartig widersprüchlich und unsinnig, dass es schon erforderlich ist, vorsätzlich daran glauben zu wollen, um Anhänger einer solchen Theorie zu werden. Da schwingt offensichtlich auch einiges an Frust mit. Aber das alleine ist noch nicht das Erschreckende, auch solche Ideen hat es immer gegeben. Auch nicht, dass die Anhänger dieser Theorien zahlreicher werden, denn das ist angesichts einer komplizierter werdenden Welt, in der Halbwahrheiten via Mausklick binnen Millisekunden über den gesamten Globus verstreut werden können, keine große Überraschung. Nein, das Erschreckendste ist, dass eben diese beiden Lager, das der Verschwörungstheoretiker und das der „Mitnicker" sich gegenseitig verstärken und Zulauf verschaffen. Die Gruppe derer, die sich noch selbst ein Bild anhand vernünftiger Überlegungen, eigener Recherchen, unter Abwägung aller Fakten und Zuhilfenahme des gesunden Menschenverstandes macht, ist überschaubar geworden und droht, wenn sich dies nicht bald ändert, irgendwann ganz zu verschwinden. Die meisten Menschen wünschen sich „Paketlösungen", die ihnen alle Sorgen und das Denken auf einmal abnehmen. Sie „kaufen" also das Experten-Paket oder das Verschwörungs-Kit als Komplettlösung und übernehmen ohne nachzudenken den gesamten Inhalt ohne jegliche Differenzierung. Das ist falsch.

Vollkommen falsch. Das ist Fraktionsdenken, wie wir es aus der Politik gewohnt sind. Den eigenen Kopf einzuschalten und sich selbst eine differenzierte und fundierte Meinung zu bilden, dazu haben die wenigsten Lust. Deshalb lesen viele Menschen in unserer informationsüberfluteten Gesellschaft auch nur noch Überschriften und bauen sich daraus ihr Weltbild. Schade, wenn die Überschrift ironisch gemeint war. Weil wir eben einfach keine Zeit mehr für eine eigene Meinung haben. Und Lust, naja, ehrlich gesagt auch nicht. Außerdem, solange jeden Monat Geld auf unser Konto überwiesen wird, ist es ja eigentlich auch egal. Schade. Im Restaurant bestellen Sie doch schließlich auch die Nummer siebenundfünfzig mit Pommes statt Reis. Akzeptieren Sie keine Paketlösungen, denken Sie selbst. Prüfen Sie selbst, was wirklich Sinn ergibt und was nicht und gehen Sie Scheinargumenten auf den Grund. Das und nichts anderes ist es, worum es geht, wenn wir von gesundem Menschenverstand sprechen. Sie werden sehen, Sie können wesentlich mehr beurteilen, als Sie sich vielleicht zugetraut haben und vor allem – als andere Ihnen manchmal einreden wollen.

Zusammenfassung und Analyse unseres Krisenmanagements

Bereits nach kurzer Dauer des Lockdowns begannen die Maßnahmen Wirkung zu zeigen. Binnen etwas mehr als zwei Monaten schien das Ausbreitungsgeschehen soweit eingedämmt, dass man zumindest von begrenzter Kontrolle sprechen konnte.

Was war geschehen? Es gab keine Medikamente, keine Impfung, keine Wundermittel – und doch dämmten wir die Pandemie in Deutschland deutlich ein. Tatsächlich kann man nahezu alle getroffenen Maßnahmen auf nur drei Punkte reduzieren, nämlich:

1. Die möglichst weitgehende Reduzierung von Kontakten

2. Das Einhalten von Abstand im öffentlichen Bereich

3. Das Tragen von Schutzmasken

Praktisch jede Maßnahme, die flächendeckend in Kraft trat, bezog sich auf einen dieser drei sehr einfachen Punkte. Kontaktbeschränkungen, Maskenpflicht im Personen-Nahverkehr und beim Einkaufen, Verbot von Großveranstaltungen, Einreisebeschränkungen, Abstandsregelungen und Zugangsbeschränkungen in Supermärkten und Geschäften – alles was wir taten, fußte nur auf verschiedenen Umsetzungen derselben drei Schutzmaßnahmen. Diese einfachen Maßnahmen zeigten eine derart durchschlagende Wirkung, dass fast überall die

Einschränkungen, die die Wirtschaft betrafen, weitgehend wieder aufgehoben werden konnten. Unsere Statistiken änderten sich von über 6.000 auf teilweise unter 400 erfasste Infektionsfälle pro Tag. Geschäfte konnten unter Einhaltung von Hygienekonzepten wieder öffnen, Menschen wieder zur Arbeit gehen und ihren Lebensunterhalt verdienen. Leider haben weder Politiker noch Wissenschaftler einen guten Instinkt für Einfachheit. Es scheint so, als fühlten Sie sich irgendwie unwohl, wenn die Dinge nicht kompliziert sind. Der nüchterne Betrachter jedoch erkennt auf den ersten Blick: Es *ist* einfach.

Während der Großteil der Bevölkerung motiviert an die Sache heranging, änderte sich in einigen Bereichen allerdings wenig an dem nachlässigen Umgang mit der Corona-Epidemie. Das wird zum Beispiel deutlich, wenn wir uns die Infektionszahlen nach Meldedatum auf dem „Dashboard" des RKI ansehen. Das sollten Sie unbedingt tun. Sie werden eine extreme Wellenbewegung erkennen. Hoch, runter, hoch, runter – kann es sein, dass sich das Virus in solchen Schüben verbreitet? Eher nicht. Die Erklärung ist viel einfacher: Wochenenden. Ein Virus kennt keine Grenzen, ein Virus kennt keine freien Tage. Aber wir. Wochenende hat natürlich Vorrang vor Katastrophenschutz. Freitag Nachmittag – wir zählen dann am Montag weiter, es wird ja auf ein paar Tage nicht ankommen – bei lebenswichtigen Informationen für die Bekämpfung der Epidemie. Im Ernst? Spät kam die Idee, einen 7-Tage-Reproduktionswert zu berechnen. Dieser sei weniger schwankungsanfällig, wurde stolz verkündet. Stillschweigend wurde damit die Peinlichkeit relativiert, dass die meisten

Statistiken, die wir während der Corona-Krise vorgelegt bekommen, als eine Mischung aus der Abbildung des Infektionsgeschehens und der Urlaubs- und Abwesenheitsstatistik der Meldebehörden zu betrachten sind. Und das in der größten Krise unseres Landes in der Nachkriegszeit. Im Grunde genommen war unter diesen Bedingungen alles andere eine 7-Tages-Betrachtung überhaupt nicht verwertbar. Sie halten das für Schlamperei? Das kommt darauf an, wo man seine Prioritäten sieht.

Während Wissenschaftler dennoch über die zweite Nachkommastelle von R-Werten sinnierten, die Medien Stunden und Stunden Statements von denen transportierten, deren Prognosen jedes Mal falsch waren und Politiker sich in der Verkomplizierung der Krise ergingen und auf Kosten der Transparenz und der Allgemeinheit parteipolitische Scharmützel austrugen, war die ganze Wahrheit in ihrer beinahe unerträglichen Einfachheit für jeden ersichtlich.

Wie dem auch sei – die beschlossenen Maßnahmen zur Eindämmung von COVID-19 wirkten. Und damit war auch auf einen Blick klar, wie wir es geschafft hatten, von einer Handvoll Infektionsfälle weit in den sechsstelligen Bereich hinein zu stolpern. Es war die Tatenlosigkeit des Krisenmanagements der ersten Phase, in dem wochenlang lang keine dieser Maßnahmen umgesetzt, schlimmer noch: Von solchen Maßnahmen regelmäßig abgeraten und aktiv gegen diese Maßnahmen entschieden wurde. Wir können sehen, dass die Kontrolle des Ausbreitungsgeschehens von nichts mehr abhängt, als von der konsequenten Beachtung dieser einfachen Vorkehrungen im Zusammenspiel. Nichts davon setzte unser Gesundheitsministerium um, rein gar nichts. So effektiv der Einsatz dieser Maßnahmen sich zeigte, so effektiv war auch das grob fahrlässige Versäumnis, sie nicht zu beschließen. Diese Fehlentscheidungen brachten – und das ist anhand des Verlaufes zweifelsfrei nachvollziehbar – ein Ausbreitungsgeschehen in Gang, das den Lockdown in dieser Form überhaupt erst erforderlich machte.

Nun werden einige einwenden, das hätte doch niemand ahnen können, schließlich sei diese Situation doch etwas vollkommen Neues gewesen. Um das unmissverständlich klarzustellen: Solche Einwände sind glatt gelogen.

Als die Krise nach dem Karneval Fahrt aufnahm, wurde von vielen Seiten angeraten, Großveranstaltungen sofort zu unterbinden, ebenfalls wurde die Frage von Schutzmasken öffentlich diskutiert. Nicht genug, dass zunächst nichts davon umgesetzt wurde, nein, unser Bundesgesundheitsminister, das RKI und weitere, insbesondere vom Bundesgesundheitsministerium vorgestellte Experten lehnten diese Maßnahmen ganz konkret ab, zogen sie ins Lächerliche und rieten aktiv der Bevölkerung von diesen Vorsichtsmaßnahmen ab. Dem Bürger wurde konkret geraten, die wichtigsten Sicherheitsvorkehrungen *nicht* zu treffen. Sie finden diese Darstellung übertrieben? Hier ein paar ganz konkrete Beispiele.

Betrachten wir dazu eine unter anderem auf dem Facebook-Profil von Jens Spahn verbreitete Videobotschaft des

Bundesministeriums für Gesundheit vom 03. März. Zu Wort kommt Frau Prof. Dr. Petra Gastmeier, Direktorin am Institut für Hygiene und Umweltmedizin an der Charité in Berlin zum Thema: „Wie kann ich mich vor dem Coronavirus schützen?"

In dieser Position sollte man eine zuverlässige Expertise zum Thema Schutzmasken bzw. Mund-Nasen-Schutz abgeben können, sollte man meinen. Und so lautet auch eine der eingeblendeten Fragen: „Brauche ich jetzt einen Mundschutz?" Zitat aus der Videobotschaft:

„Einen Mundschutz zu tragen macht nur Sinn für die Mitarbeiter im Gesundheitswesen, weil die haben ja den engen Kontakt zu den Patienten und müssen sich schützen und es macht auch Sinn, dass ein Patient, der selbst erkrankt ist, eine Maske trägt, wenn er zum Beispiel vom Ort A zum Ort B laufen muss. Es macht keinen Sinn für nicht infizierte Patienten oder Personen in der Bevölkerung, einen Mund-Nasen-Schutz zu tragen. Da hat sich keinerlei Vorteil in Studien für gezeigt."

Überhaupt darf man an dieser Stelle die Frage aufwerfen, weshalb beim Thema Schutzmasken immer wieder erklärt wurde, deren Wirksamkeit sei nicht erwiesen. Wir sprechen hier wohlgemerkt nicht von der Mondlandung, sondern von einem Hilfsmittel, das Ärzte und medizinisches Personal seit über hundert Jahren verwenden. Gravitationswellen haben wir also durch eine Längenänderung von einem Tausendstel Protonenradius nachgewiesen, aber die Wirkung eines Tuchs vor dem Mund ist nach wie vor ungeklärt. Wir müssen anerkennen, dass wir über Schwarze Löcher scheinbar mehr wissen als über einen Mundschutz für 99 Cent. Es stellt sich die Frage, was wir in den letzten 17 Jahren seit SARS eigentlich getrieben haben. Einige Wochen später erreicht uns die Nachricht, Professor Yuen Kwok-yung aus Hongkong habe die Wirksamkeit von Masken durch einen Versuch mit Hamstern nachgewiesen. Nun, wir hamstern stattdessen Toilettenpapier, so hat eben jeder unterschiedliche Prioritäten.

Das Video enthält auch eine Empfehlung zum Thema Großveranstaltungen. Eingeblendete Frage: „Sollte ich Menschenmengen meiden?" Die Professorin antwortet wie folgt:

„Ich denke, es hängt davon ab, um was es für eine Art Veranstaltung geht und wie die Veranstaltung organisiert ist, welche Personen da sind, wie eng die Personen sozusagen auf dem – auf dem Raum dort sind und dann muss man sich natürlich anschauen: Gehör' ich zur Risikogruppe oder gehör' ich nicht zur Risikogruppe. Patienten die älter sind, Patienten die Lungenerkrankungen haben, sollten eher große Veranstaltungen meiden, vor allen Dingen, wenn die Menschen dort sehr eng gedrängt sind."

Unser gesunder Menschenverstand fragt sich zunächst einmal, was die Formulierung „welche Personen da sind" eigentlich zu bedeuten hat. Vermutlich sollte man zunächst anrufen und sich erkundigen, ob es sich um eine Veranstaltung handelt, an der infizierte Menschen teilnehmen. Wie auch immer, Risikopatienten sollten eher vorsichtig sein und fernbleiben. Nun, diesen Tipp hätten Sie von jedem bekommen können.

Aber abgesehen davon, dass hier etliche Risikogruppen gar nicht erwähnt werden, ist es doch äußerst erstaunlich, dass eine Expertin hier offenbar keinen Millimeter über den Tellerrand hinaus denkt. Die Pandemie breitet sich selbstverständlich nicht vorwiegend durch Risikopatienten aus. Die Ausbreitung bekommt den größten Schub durch diejenigen, die nicht einmal Symptome bekommen. Davon ist jedoch überhaupt keine Rede. Wohlgemerkt, es ist das Gesundheitsministerium, das diese Botschaft verbreitet. Am Tage vor dieser Message verzeichnete die WHO in Deutschland 158 nachgewiesene Infektionen. Drei Tage nach dem Datum des Videos waren es 639, also mehr als vier mal so viele, 14 Tage nach der Videobotschaft mehr als siebentausend Fälle. Zufall? Höhere Gewalt? Wohl eher nicht. Unser Verstand sagt uns, dass dies bei dieser Qualität von Sicherheitshinweisen nicht einmal überraschend ist.

Zwanzig Tage später – die WHO verzeichnet knapp 25.000 Fälle in Deutschland – wird es bei empfindlichen Bußgeldern verboten sein, dass sich mehr als zwei Personen in der Öffentlichkeit zusammenfinden. Eine durchaus bemerkenswerte Entwicklung.

Ebenfalls bemerkenswert: Die Gewichtung von Händewaschen und dem Tragen von Schutzmasken in den offiziellen Hinweisen zur Corona-Prävention. Von Masken wurde abgeraten, während uns definitiv klar war, dass das Virus in erster Linie über die Atemwege in den Körper gelangt. Der dringende Hinweis auf die Wichtigkeit häufigen und gründlichen Händewaschens fehlt jedoch in keiner

Verlautbarung – obwohl nahezu sämtliche Experten die Übertragung über den Kontakt mit vermeintlich kontaminierten Oberflächen für unwahrscheinlich erklärten und der Handschlag als Begrüßung ohnehin schon längst ausgedient hatte.

Das oben genannte Beispiel war nicht das einzige und auch nicht das erste Mal, dass das Tragen von Masken von offizieller Seite aktiv für unnütz erklärt wurde. Bereits im Rahmen einer Bundespressekonferenz am 02.03.2020 tätigte Jens Spahn die Aussage:

„Es braucht nicht jeder eine Maske zu Hause.“

Und verwies in dieser Frage auch auf Frau Prof. Gastmeier, die sich im Verlauf dieser PK wie folgt äußerte:

„Was die Maske betrifft: Mitarbeiter im Gesundheitswesen brauchen eine Maske, um sich zu schützen im Kontakt zu den Patienten. Aber es macht keinen Sinn, dass wir alle hier mit Masken rumlaufen. Das hilft nicht, das hat sich ja auch in Japan oder in China, wo das ja weit verbreitet ist, gezeigt, dass das nicht der richtige Weg ist.“

Unter anderem an dieser PK beteiligt: Gesundheitsminister Jens Spahn, RKI-Präsident Prof. Lothar Wieler, Prof. Christian Drosten und Prof. Petra Gastmeier.

In einer Pressekonferenz vom am 11.03.2020 erklärt der Bundesgesundheitsminister erneut:

„...und auch der klassische OP-Mundschutz, den viele tragen, schützt sehr überschaubar, um es so zu formulieren, ist auch gar nicht notwendig, wenn man sich an die Regeln hält, die ich vorhin mit Blick auf Atemwegserkrankungen beschrieben habe."

Neben Herrn Spahn bei dieser Pressekonferenz anwesend: Kanzlerin Angela Merkel und RKI-Präsident Wieler.

Klar wird: Unser Bundesgesundheitsminister persönlich und die allermeisten der von staatlicher Seite vorgestellten Experten gaben ganz konkret falsche Handlungsanweisungen und verhinderten aktiv die Bekämpfung der Krise. Dafür erhielten diese Personen in dieser Zeit Gehälter, von denen ein Normalbürger keine Vorstellung hat – was vielleicht auch besser ist. Wenn später gebetsmühlenartig auf die Lebensgefährlichkeit von Verschwörungstheorien verwiesen wurde, weil diese Menschen zu falschen und fahrlässigen Handlungen motivieren würden, kommt man um die Feststellung nicht umhin, dass selbiges auch für die offiziellen Verlautbarungen dieser Tage galt.

Im asiatischen Raum ist man im Umgang mit derartigen Epidemien wesentlich geübter. Seit 20 Jahren gehören Mund-Nasen-Schutzmasken dort zum Alltagsbild. Auf die Spitze getrieben könnte man sagen, sobald irgendjemand hüstelt, setzen vielerorts alle drumherum ihre Masken auf und gehen auf Abstand. Dass unsere Experten und allen voran unser Gesundheitsminister dennoch auf die Idee kommen, die Asiaten, die uns in vielen Bereichen vormachen, wie

Wissenschaft und Fortschritt funktionieren, würden sich seit 20 Jahren sinnloser Ritualhandlungen bedienen, die keinerlei Zweck erfüllen, ist an Arroganz und Ignoranz schwer zu überbieten. Im Grunde genommen hat Asien in einem fast 20-jährigen Selbstversuch seit SARS gezeigt, wie großflächig mit einer solchen Situation umzugehen ist. Offensichtlich ließ die Arroganz unserer Verantwortlichen nicht zu, sich ein Beispiel daran zu nehmen, was sich seit langer Zeit in Asien bewährt hat.

Die Zahlen, die uns von Seiten der WHO erreichen, unterstreichen diesen Eindruck vehement. Ziehen wir einmal ein paar Vergleiche. Als Bezug dienen uns die Zahlen der WHO vom 09.06.2020 sowie grundlegende Landesdaten (gerundet). Wir werden feststellen, dass wir gegenüber den asiatischen Industrienationen keineswegs gut, sondern vielmehr katastrophal abschneiden.

Deutschland – China
Infektionsfälle: 184.543 : 84.638
Todesfälle: 8.711 : 4.645
Bevölkerung: 83 Mio : 1.400 Mio
Einwohner/Km²: 233 : 148

Obwohl der erste Ausbruch von COVID-19 in China stattfand und das Land somit keinerlei Vorwarnzeit hatte, wohingegen wir runde 2 Monate vorgewarnt waren, weist das deutsche Zwischenfazit zu diesem Datum 2,18 mal so viele Infektionsfälle aus wie das chinesische. Wenn wir dies in Relation zur Gesamtbevölkerung stellen, müssen wir einräumen, dass Deutschland fast 37 mal so stark getroffen wurde wie China. Die einzige Ausrede, die uns hier anhand dieser Zahlen bleibt, ist die Bevölkerungsdichte. Wo mehr Menschen auf engem Raum leben, sind auch die Möglichkeiten eines Virus zur rasanten Ausbreitung größer. Unsere vergleichsweise gleichmäßige Besiedlung könnte hier ein Nachteil für uns sein. Bei einem so fatal schlechten Vergleichsergebnis dürfte das jedoch eine schwache Ausrede sein. Und das belegen auch die folgenden Vergleiche.

Deutschland – Südkorea
Infektionsfälle: 184.543 : 11.852
Todesfälle: 8.711 : 274
Bevölkerung: 83 Mio : 52 Mio
Einwohner/Km²: 233 : 513

Deutschland hat ca. 60 Prozent mehr Einwohner als Südkorea, verzeichnet jedoch annähernd 16 mal so viele Infektionsfälle. Um den Bevölkerungsfaktor bereinigt ist Deutschland also knapp 10 mal so stark betroffen wie Südkorea. Hier rettet die Bevölkerungsdichte unsere Statistik nicht mehr. Südkorea ist ein flächenmäßig betrachtet kleines Land, die Bevölkerungsdichte ist mehr als doppelt so hoch wie in Deutschland.

Deutschland – Japan
Infektionsfälle: 184.543 : 17.210
Todesfälle: 8.711 : 916
Bevölkerung: 83 Mio : 127 Mio
Einwohner/Km²: 233 : 336

Deutschland verzeichnet Anfang Juni 2020 mehr als zehn mal so viele Infektionsfälle wie Japan, und das, obwohl Japan rund 50 Prozent mehr Einwohner zählt als Deutschland und über eine höhere Bevölkerungsdichte verfügt.

Nun werden einige einwenden, gerade Japan habe doch praktisch mit Untätigkeit geglänzt, wenn es um Lockdown-Maßnahmen ginge und das als Gegenbeweis anführen. Richtig ist vielmehr: Die Selbstdisziplin der Japaner ist weltweit einzigartig. Die japanische Kultur legt höchsten Wert auf Sauberkeit und Ordnung. Wer sich in Japan verhält, wie er es aus Deutschland gewohnt ist, läuft schnell Gefahr, den Ruf eines Schmierfinks zu bekommen. Wenn Sie, egal wo auf der Welt, nach einem Fußballspiel mit japanischer Beteiligung durch ein Fußballstadion gehen, sehen Sie auf Anhieb, wo die Japaner gesessen haben, nämlich genau dort, wo kein Müll liegt.

Abstandhalten gehört hier zu den Regeln von Anstand und Höflichkeit, das Tragen von Masken seit Ewigkeiten zum Alltagsbild, um sich und andere zu schützen. So folgte die japanische Bevölkerung freiwillig den Aufrufen, sich verantwortungsvoll zu verhalten. Einige Geschäfte blieben ebenso aufgrund freiwilliger Entscheidung geschlossen. Hier gibt es keine Anti-Beschränkungs-Demos wie in den USA oder Deutschland. Im Gegenteil – die höfliche Aufforderung genügt, damit sich die Menschen entsprechend verhalten. Man hat Übung darin.

Japan ist der beste Beweis dafür, dass sich ein angeordneter

Lockdown möglicherweise vollständig hätte vermeiden lassen, wenn nur frühzeitig die Verhaltensregeln umgesetzt worden wären, die in Japan ohnehin zum Alltag gehören. Es ist der ultimative Beweis für die höchst effektive Wirkung von Abstand und Maskennutzung. Und so erschließt es sich, dass Deutschland in allen Bereichen ca. 10 mal schlechter abschneidet als Japan, obwohl die Japaner im Grunde ein wesentlich größeres Risiko trugen als wir.

Keine wissenschaftliche Studie der Welt wird jemals so fundierte Erkenntnisse über diese Zusammenhänge liefern wie die Erfahrungswerte aus diesen Ländern. Und diese Erfahrungswerte gibt es nicht erst seit der Corona-Krise, sondern bereits seit beinahe zwanzig Jahren.

Doch unsere Politiker, etliche Virologen und andere Mediziner preschten vor, gaben sich als seriöse Quelle aus und erklärten unserer Bevölkerung, all diese einfachen, fast kostenneutralen Maßnahmen seien purer Aberglaube. Selbst das RKI hatte hier keine wirklich verwertbaren Erkenntnisse über das, was in halb Asien als Allgemeinwissen eines Schulkindes betrachtet wird.

Ich bitte um Entschuldigung, wenn ich mich in diesem Zusammenhang hin und wieder wiederhole, ich halte es da mit Albert Einstein, der 1916 formulierte: „Im Interesse der Deutlichkeit erschien es mir unvermeidlich, mich oft zu wiederholen, ohne auf die Eleganz der Darstellung die geringste Rücksicht zu nehmen". Dass staatlich finanzierte Institute, Spezialisten und Experten, ja selbst der gigantische Apparat des Gesundheitsministeriums mit dieser Betrachtung überfordert waren, wirft die Frage auf, was in den gesamten letzten knapp 20 Jahren so wichtig gewesen sein kann, dass man nicht einmal zur Kenntnis genommen hat, was ein Viertel der Weltbevölkerung in der Grundschule beigebracht bekommt. Ungeachtet der vielen, vielen Millionen Euro, die uns diese – ich kann mir die Anführungszeichen nicht verkneifen – „Forschungsarbeit" binnen dieses Zeitraums gekostet hat. Vielfach finanziert mit Steuergeldern. Also mit *Ihrem* Geld.

So weit, so schlecht. Nun können wir einwenden, Dummheit, Arroganz und Unfähigkeit seien angeborene Eigenschaften, wegen derer niemand diskriminiert werden dürfe. Was jedoch niemand mehr mit Vernunft erklären kann, ist die Frage, wie es sich mit einem Mindestmaß an Verantwortung vereinbaren lässt, Menschen von Schutzmaßnahmen, die – wie gesagt – vergleichsweise fast keine Kosten verursachen, guten Gewissens aktiv abzuraten, weil deren Wirksamkeit angeblich nicht erwiesen sei. Wenn lediglich unwesentliche Kosten damit verbunden sind und auch sonst kein Schaden durch diese Maßnahmen entsteht, dann ist es sogar unverantwortlich, von solchen Vorsichtsmaßnahmen abzuraten. Das ist in etwa damit vergleichbar, als würde Ihnen jemand raten, vor dem Überqueren einer Straße nicht nach links und rechts zu schauen, solange keine Beweise dafür vorliegen, dass auch wirklich ein Auto kommt. Was denken Sie – trägt jemand, der derartige Ratschläge erteilt, eine Verantwortung für die Folgen? Tatsache ist, wenn wir in einer Krisensituation auf definitive wissenschaftliche Erkenntnisse warten möchten, bevor wir Schutzmaßnahmen einleiten, dann wird es immer zu spät sein. Das Corona-Virus wird noch Jahre nach Ende der Pandemie nicht zu Ende erforscht sein. In einem – wie es so oft hieß – „sehr dynamischen Geschehen" müssen Maßnahmen schnell beschlossen werden. Der beste Ratgeber sind auch hier der gesunde Menschenverstand und vor allem äußerste Vorsicht.

Wir wissen nun also sehr gut, welche flächendeckenden Maßnahmen effektiv sind: Abstand, Masken, Limitierung von Kontakten. Wir wissen aus eigener leidvoller Erfahrung, was die Konsequenzen sind, wenn wir uns darüber hinwegsetzen: Lockdown, viele Milliarden Euro wirtschaftlicher Schaden, Niedergang tausender von Existenzen, sechsstellige Infektionszahlen und viele Todesfälle. Da sollte man denken, bei einer derart eindeutigen Verteilung von Vor- und Nachteilen und so offensichtlichen Kausalzusammenhängen sei es recht einfach, die richtigen Entscheidungen zu treffen. Und das stimmt auch. Es sei denn, man hat noch immer nichts verstanden. Leider trifft dies jedoch auf große Teile der Politik, der Wirtschaft und auch der Gesellschaft zu. Und trotz all dieser offensichtlichen Erkenntnisse konnten einige – darunter auch Virologen – es einfach nicht lassen, die Krise zur Selbstdarstellung zu missbrauchen, indem sie immer wieder alles in Zweifel zogen und das Gegenteil behaupteten, um irgendwie in die Schlagzeilen zu kommen. Um nur ein Beispiel zu nennen, wurde der Schutzeffekt von Masken mit der Argumentation in Zweifel gezogen, diese könnten ein übersteigertes Sicherheitsgefühl auslösen und den Träger so zu Leichtsinn verleiten. Die Logik lautete also: Weniger Sicherheit = mehr Angst = mehr Sicherheit. So betrachtet könnte man auch über die Abschaffung der Helmpflicht für Kradfahrer nachdenken – dann würde bestimmt vorsichtiger gefahren werden. Dass einige Selbstdarsteller damit Verunsicherung streuten und zu falschem Verhalten aufriefen, war ihnen offensichtlich egal. Wenn Sie sich vor Augen führen, dass manche Virologen und Politiker entgegen all dieser Erkenntnisse selbst Monate später noch behaupteten, Deutschland habe viel zu schnell den Lockdown beschlossen, dann spätestens sollte Ihnen bewusst werden, wie lebensgefährlich es sein kann, blind auf sogenannte Experten zu hören, ohne deren Aussagen mit dem eigenen Verstand zu überprüfen. Mit solchen Aussagen wurde nicht nur die Realität komplett auf den Kopf gestellt, sie waren auch ein wahrer Brandbeschleuniger für das Lager der Verschwörungstheoretiker und deren Gefolgschaft.

Die Folge sind die nächsten verantwortungslosen Feldversuche am lebenden Objekt. Ja, wir haben großartige Fortschritte gemacht. Hätten wir den Lockdown noch zwei weitere Wochen durchgehalten, dann hätten wir wahrscheinlich eine Infektionszahl erreicht, die das Risiko zumindest für einen gewissen Zeitraum auf ein unbedenkliches Niveau reduziert hätte. Doch auf Druck der Wirtschaft und einiger Teile der Bevölkerung beschlossen wir, anders als einige andere Länder, mit halb fertigen Hausaufgaben – und damit mit einem unnötig hohen Risiko – wieder an den Start zu gehen. Wir hatten einfach „keinen Bock mehr" auf den Lockdown. Wissen Sie, wie lange ein Vier-Minuten-Ei benötigt? Vier Minuten. Es ist vollkommen egal, ob Sie „Bock drauf" haben, vier Minuten zu warten, das Ei interessiert sich nicht für Ihre Ungeduld.

Holen Sie es eine Minute zu früh heraus, dann haben Sie ein Drei-Minuten-Ei. Diese Logik scheint für einen Großteil der Verantwortlichen und der Gesellschaft zu anspruchsvoll zu sein.

**Irrsinn mit wissenschaftlichem Anstrich:
Die Herdenimmunität**

Zu den wohl gefährlichsten Theorien der Corona-Krise gehörte die Idee der Herdenimmunität. Sogar Wissenschaftler sprangen teilweise auf diesen Zug auf und stellten damit die Gefährlichkeit von Verschwörungstheorien sogar noch in den Schatten. Die Idee besagt, dass, sobald eine „Durchseuchung" von rund 70 Prozent in der Bevölkerung und damit eine entsprechende Immunität erreicht sei, hierdurch die Epidemie praktisch mehr oder minder zum Erliegen komme. Dies ist vom Grundsatz her absolut korrekt und dennoch ist es der mit Abstand irrwitzigste Vorschlag, der während der gesamten Zeit gemacht wurde. Trotzdem wurde er von vielen Menschen als sinnvoll angesehen – praktisch als Alternative zu einer Impfung. Diese Idee ist allein mathematisch so realitätsfern, dass ich ihr hier nicht viel Aufmerksamkeit schenken möchte, aber wir sollten zumindest kurz darauf schauen.

Wir können also die Immunität sowohl durch Impfung erreichen als auch durch eine Durchseuchung. Im Gegensatz zur Immunisierung durch eine Impfung bedeutet Durchseuchung jedoch, dass die Betroffenen tatsächlich erkranken, was für Risikogruppen ohnehin keine Option darstellt und auch für alle anderen Personen mit einem Restrisiko eines schweren Verlaufs verbunden ist. Deshalb ist eine Impfung grundsätzlich immer vorzuziehen. Es macht also nur dann überhaupt einen Sinn, eine solche Möglichkeit in Betracht zu ziehen, wenn eine Impfung erst in sehr ferner Zukunft oder aber überhaupt nicht zu erwarten wäre. Nun geht die Masse der Wissenschaftler von einer Zeitspanne von 1 bis 2 Jahren für die Entwicklung eines Impfstoffes aus. Und schon postulieren manche, das sei ja ewig lang – dann sollten wir die Durchseuchung wählen. Selbst wenn es zwei Jahre bis zur Verfügbarkeit eines Impfstoffes dauern sollte, wäre das noch lange kein Argument für eine Durchseuchung. Um eine derartige Quote innerhalb von 2 Jahren zu erreichen, müssten sich durchschnittlich mehr als 2,3 Millionen Menschen in Deutschland jeden Monat infizieren – das entspräche über 75.000 Fällen pro Tag. Durchschnittlich, wohlgemerkt. Wir wissen, dass ein Virus uns den Gefallen einer gleichmäßigen Ausbreitung jedoch nicht tun würde. Bei solchen Infektionszahlen wäre unser Gesundheitssystem nicht nur überlastet, es würde nach wenigen Tagen praktisch vollständig zusammenbrechen. Es stünden nicht annähernd genug Klinikplätze zur Verfügung, so dass viele schwere Verläufe nicht mehr entsprechend behandelt werden könnten. Auch Patienten mit anderen Erkrankungen könnten nicht mehr aufgenommen werden, Not- und Rettungsdienste würden ebenso bis zum absoluten Zusammenbruch überlastet. Die Zahl der Erkrankungen und die Zahl der Opfer unter dem medizinischen Personal, dass einer unverantwortlichen Viruslast ausgesetzt wäre, würde explodieren. Wer nun einwendet, so schlimm werde es nicht kommen, schließlich seien nur Risikogruppen von schweren Krankheitsverläufen betroffen, der ist auf dem Holzweg. Zunächst einmal sind auch jüngere, gesunde Menschen durchaus von schweren Verläufen betroffen, wenn auch in vergleichsweise sehr geringer Zahl. Doch bei 75.000 Fällen pro Tag wären selbst das sehr viele. In der Folge müssten medizinische Einrichtungen also sehr schnell die Entscheidung treffen, wer gerettet werden soll und wer nicht. Die Fachleute benutzen hier gerne den wohlklingenden französischen Begriff „Triage" - also Sortierung oder Auslese. Und wenn wir bedenken, wie viele Menschen in unserem Land grundsätzlich ein erhöhtes oder hohes Risiko für einen schweren Verlauf haben, dann muss einem bei diesem Gedanken Angst und Bange werden. Diabetiker, Asthmatiker, Übergewichtige, COPD-Patienten – für Millionen Menschen würde ihre behandelbare Grunderkrankung zur akuten Lebensgefahr. Ein apokalyptisches Horrorszenario, das den Zusammenbruch unserer gesamten Gesellschaft zur Folge hätte. Schon allein deshalb wäre es nicht durchführbar, denn wenn ein derartiges Szenario einträte, würden die Menschen dieser Vorgehensweise ohnehin nicht weiter folgen, sondern dem Selbstschutz den Vorzug geben. Dann aber wäre die angepeilte Quote binnen zwei Jahren nicht zu erreichen. Wer nun einwendet, es sei ja auch nicht sicher, dass selbst nach 2 Jahren eine Impfung zur Verfügung stünde, der mag das Rechenbeispiel auch einmal von der anderen Seite betrachten: Bei einer durchschnittlichen Zahl von 10.000 Neuinfektionen pro Tag, die bereits unsere Kapazitäten nach kurzer Zeit sprengen würde, benötigt es bis zur Quote von 70 Prozent runde 15 Jahre. Und dennoch wäre die Zahl der Opfer immens

– es wären fünfstellige Zahlen pro Monat, mit denen wir hier rechnen müssten.

Kurz gefasst: Manchen war keine Theorie zu dumm, um die Maßnahmen des Lockdown infrage zu stellen. Die Idee der Herdenimmunität war damit praktisch nichts anderes, als der Vorschlag, einfach gar nichts gegen die Pandemie zu unternehmen. Bei der Gelegenheit sei nochmals erwähnt, dass nicht jeder, der erfolgreich von COVID-19 geheilt ist, auch wieder vollständig gesund ist. Abgesehen davon, dass wir bisher noch praktisch keine brauchbaren Erkenntnisse über Folgeschäden haben – über die Folgeschäden künstlicher Beatmung jedoch haben wir Erkenntnisse. Wer denkt, es handele sich dabei um eine nicht weiter beachtenswerte Routinemaßnahme, dem sei nahegelegt, sich diesbezüglich dringend kundig zu machen. Wir wollen an dieser Stelle nicht weiter darauf eingehen. Doch wir merken, welch gefährliche Ideen uns – teilweise von den Medien unkommentiert – erreichten. Und dass selbst manche Mediziner an einfacher Mathematik scheitern. Wenn nun also sogar der eine oder andere Virologe mehr Mut zur Infektion fordert, um die Herdenimmunität voranzubringen, dann ist das ein ausgezeichneter Hinweis darauf, wessen Expertisen Sie äußerst kritisch prüfen sollten.

Die Gefahr halber Lösungen

Um es nochmals auf den Punkt zu bringen, diese Krise ist eine hausgemachte Krise. Wir hätten mit einem Bruchteil des Schadens, der nun entstanden ist, durch die Corona-Zeit kommen können. Vielleicht hätten wir sogar auf einen Lockdown verzichten oder diesen wesentlich kürzer halten können. Die äußerst träge und zunächst gar nicht vorhandene Reaktion der Verantwortlichen gab zuallererst dem Infektionsgeschehen den nötigen Anschub, um uns in eine äußerst brisante Situation zu bringen, die den Lockdown unumgänglich machte. Eine drastische Reaktion in der Frühphase hätte uns vieles davon erspart. Jeder Tag, den wir hier verschenkten, kostet uns nun ein Vielfaches an Einschränkungen.

Kein Wunder, dass, bei der Dauer der Beschränkungen, viele sich nach Normalität zurücksehnen. Doch eine Rückkehr zum normalen Alltag bevor die Voraussetzungen dafür wirklich geschaffen sind, birgt große Risiken und kann uns das genaue Gegenteil von dem bescheren, was wir erreichen möchten. Ich kann sehr gut den Leidensdruck derjenigen nachvollziehen, denen das Wasser sprichwörtlich bis zum Halse stand oder steht, die um ihre Existenz, ihren Job oder um ihr Heim fürchten. Am lautesten schienen jedoch oft diejenigen zu schreien, denen es um Frisörbesuche, ihren Strandurlaub und Partys ging. In Anbetracht der Notlagen derer, die wirklich unter der Krise zu leiden hatten, sowohl in unserem Land als auch weltweit, war dieses Anspruchsdenken einfach nur noch peinlich.

Es kann dahingestellt sein, ob die erste Infektionswelle nun von einer Basis von 10, 20 oder 100 Infektionsfällen ausging. Es waren auf jeden Fall deutlich weniger aktive Fälle, als wir sie beispielsweise Anfang Juni 2020 hatten. Das bedeutet: Das Potential der Ausbreitung ist nun größer als zu Beginn der ersten Welle. Geben wir der Epidemie erneut den Freiraum, sich zu verbreiten, ist die Gefahr einer erneuten flächendeckenden Ausbreitung sehr groß. Wir wissen außerdem, dass wir mit Kontaktbeschränkungen, Maskennutzung und Abstandsregelungen den Reproduktionswert, der besagt, wie viele neue Infektionsfälle von einem bestehenden Fall ausgehen, auf unter 1 heruntergebremst haben, ohne diese Maßnahmen liegt er bei einem geschätzten Wert von ca. 3. Wir wissen, was das bedeutet, aber wir sollten es uns zur Verdeutlichung wirklich einmal über drei Generationen des Infektionsgeschehens auf ein Papier schreiben: 1 x 1 x 1 = 1. Dagegen: 1 x 3 x 3 = 9. Auch für diese Rechnung müssen Sie kein Mediziner sein. Auch wenn diese Rechnungen im Einzelfall nie exakt aufgehen, sie bieten Ihnen aber eine ausgezeichnete Grundlage, um das Geschehen sehr gut einschätzen zu können, oftmals auch ohne Medizinstudium.

Dennoch: Schon wurden die Rufe laut, die Grundschulen wieder zu öffnen, einzelne Bundesländer forderten praktisch die Abschaffung aller Vorsichtsmaßnahmen auf einen Schlag und Grenzkontrollen wurden aufgehoben.

Vielleicht kennen Sie auch Menschen, die viel beginnen, aber irgendwie nichts zu Ende bringen – mit entsprechenden

Ergebnissen. Genauso verhielt sich unsere Politik während dieser Phase. Wir waren kurz, so kurz davor, die Krise auf ein Niveau zu regulieren, auf dem wir nahezu gefahrlos den allergrößten Teil der Einschränkungen hätten aufheben können. Aus purer Ungeduld und Lockdown-Überdrüssigkeit wurde auf Lockerungen gedrängt, die dafür sorgten, dass das Restrisiko permanent auf einem kritischen Niveau stagnierte. Wenn es in Ihrer Küche brennt, würde ich Ihnen empfehlen, das Feuer zu löschen. Nicht, es nur einzudämmen, bis davon keine akute Gefahr für Leib und Leben mehr ausgeht, nein, es richtig zu löschen. Andernfalls wird in einer halben Stunde wieder der Rauchmelder Alarm schlagen und Sie müssen nachbessern. So frisst sich der Brand zuverlässig von einem Raum zum nächsten während Sie permanent in Alarmbereitschaft bleiben müssen. So brennen Sie Ihre Wohnung sozusagen auf Raten ab. Exakt diese Vorgehensweise bevorzugen jedoch etliche unserer Politiker, Virologen und Teile der Wirtschaft. Das beinhaltet das Risiko, den gesamten Lockdown und die damit verbundenen Kosten und Einschränkungen ad absurdum zu führen – dann wäre alles völlig umsonst gewesen. An dieser Stelle werde ich manchmal gefragt: „Würden Sie es denn besser machen können?" Nun, sagen wir es einmal so: Man könnte es kaum schlechter machen.

Achten Sie einmal darauf: Wann immer im TV eine Diskussion mit dem Gesundheitsexperten Karl Lauterbach zu sehen ist, werden Sie eines feststellen. Lauterbach, der – übrigens im Gegensatz zu Jens Spahn – Mediziner ist und Gesundheitsökonomie und Epidemiologie in Harvard studierte, redet über die tatsächliche Situation und wie dieser richtigerweise zu begegnen sei. Seine Opponenten sprechen dagegen meist über ihre Sorgen, Probleme und Wünsche, beklagen, dass diese im Konflikt mit der aktuellen Realität stehen und fordern, dann müsse man die Realität eben ignorieren. Es könne doch nicht angehen, jetzt alles Wunschdenken angesichts der Realität hinten anstellen zu müssen. Doch Fakten verschwinden nicht dadurch, dass man sie ignoriert, wie Aldous Huxley einmal sagte. Was bei dem Versuch herauskommt, konnten wir am Krisenmanagement unseres Gesundheitsministers beobachten, der genau das tat – wir erinnern uns an die Weigerung, irgendeine Einschränkung zu beschließen und die daraus resultierende Notwendigkeit des Lockdowns. Nun muss man ihm zugutehalten, dass er, wie gesagt, kein medizinischer Fachmann ist, sondern ausgebildeter Bankkaufmann und Politologe. Vielleicht fragen Sie sich jetzt, weshalb man nicht gleich den Fachmann zum Gesundheitsminister gemacht hat. Nun, der ist Mitglied der SPD und dieser war das Gesundheitsministerium eben nicht zugedacht.

Sicherlich möchten wir alle schnell wieder in die Normalität zurück. Wenn wir es jedoch übertreiben, kann das genaue Gegenteil dabei herauskommen. Wenn Sie ein Haus bauen, dann beginnen Sie üblicherweise mit dem Fundament, bevor Sie anfangen können, Wände in die Höhe zu ziehen. Das mag langweilig aussehen, ist jedoch Bedingung dafür, dass Ihr Häuschen nicht irgendwann im Boden versinkt oder plump umfällt. Wenn Sie jetzt aus blindem Aktionismus und weil Sie es einfach nicht abwarten mögen, beginnen, Wände hochzuziehen, bevor Ihr Fundament fertig ist, dann stehen die Chancen nicht schlecht, dass Ihr Haus einen Totalschaden erleidet. Das aber ist es, was viele nun einfordern.

Der genannte Grund – die angeblich beseitigte Gefahr – ist eine Illusion. Die Gefahr ist sogar wesentlich größer als zu Beginn der ersten Infektionswelle. Nun, so heißt es oft, wir hätten gelernt, diese Gefahr zu kontrollieren. Das stimmt. Und zwar durch die Maßnahmen, die eben jene wieder abschaffen möchten, die es nicht abwarten wollen, bis die Zeit dafür gekommen ist. Sie behaupten, die Kontrolle zu haben, plädieren aber gleichzeitig dafür, genau die Mechanismen, die diese Kontrolle ermöglichen, abzuschaffen. Worin dann noch die Kontrolle bestehen soll, bleibt ihr Geheimnis. Die Wahrheit ist: Dann geben wir jegliche Kontrolle wieder aus der Hand. Es wird dann zur Glückssache, über deren Ausgang wir nur spekulieren können. Geht der Versuch gut, werden diejenigen, die dafür plädierten, die Lorbeeren einheimsen – für pures Glück. Haben wir in dieser Lotterie Pech und hat das Vorgehen die nächsten 8.000 Todesfälle zur Folge, werden diese Personen jedoch jegliche Verantwortung von sich weisen und behaupten, das alles hätte niemand ahnen können – selbst diejenigen, die sich gegen die Aufhebung von Einschränkungen aussprachen, hätten ja nur Mutmaßungen angestellt. Und wir erinnern uns wieder an unsere Feststellung aus dem Vorwort: Mut zu Kollateralschäden ist salonfähig geworden. Die Wahrheit ist, es handelt sich um ein pures Glücksspiel. Geht dieses Experiment schief, war das enorme Risiko schon im Vorfeld eindeutig bekannt.

Ich bin mir nicht mehr ganz sicher – ich glaube, es war Prof. Hans-Peter Dürr, Physiker und einer der mit Abstand größten Denker der jüngeren Vergangenheit, der einmal sinngemäß erklärte, ein Risiko sei etwas, was eine Zukunft beschreibe, die wir nicht haben wollen. Ich glaube, treffender kann man es nicht zum Ausdruck bringen.

Derzeit bekommen wir die Quittung für das Versagen unseres Krisenmanagements und das lässt sich weder wegdiskutieren noch wegignorieren. Dieselben Fehler nun kurze Zeit später erneut zu machen, spricht nicht für einen Lerneffekt.

Fassen wir also nochmals kurz zusammen, was wir nun wissen: Wir wissen, dass es im Grunde die drei einfachsten Maßnahmen im Zusammenspiel sind, die flächendeckend erfolgreich waren, nämlich Kontaktbeschränkungen, Schutzmasken und Abstandsregelungen. Wir wissen, mit diesen Maßnahmen haben wir eine rückläufige Entwicklung der Pandemie, ohne sie eine exponentiell ansteigende. Und wir wissen, dass die derzeitige Anzahl von Infektionsfällen in unserem Land sehr viel höher liegt als in der Situation, von der die erste Infektionswelle ausging. Die Entspannung, die wir mit einem Billionen-Euro-Betrag bezahlten, nun aus purer Ungeduld aufs Spiel zu setzen, ist eine Wette auf Bestehen oder Untergang unserer gesamten Wirtschaft. Nur um ein paar Tage früher starten zu können, die spätestens in einem Jahr niemandem mehr einen merklichen Vorteil bringen, setzen wir den gesamten Erfolg wieder auf eine Karte, Chance: 50/50. Wenn diese Wette schiefgeht, werden wir alle lange Zeit dafür bezahlen müssen.

Wir wollen uns nicht der Realität unterwerfen, weil sie einfach nicht in unsere Pläne passt. Stattdessen verlangen wir von der Realität, sich unseren Plänen anzupassen. Auch eine Logik.

Nun werden unter anderem in NRW, einem der Länder, die sich am wenigsten mit Ruhm bekleckerten, Grundschulen wieder geöffnet. Das klingt zunächst sehr sinnvoll. Man verweist dabei zum Beispiel auf die Erkenntnisse aus Dänemark, wo das wunderbar funktioniert habe. Doch die Sache hat einen Haken: Es ist uns zu umständlich und zu teuer, die notwendigen Vorsichtsmaßnahmen zum Schutz der Kinder einzuhalten. Was ist also zu tun? So wird kurzerhand beschlossen, wenn Wunsch und Wirklichkeit nicht zusammenpassen, dann wird die Wirklichkeit ignoriert. Soll heißen: Wir verzichten auf die bewährten Vorsichtsmaßnahmen. Lüften soll nun Abstand ersetzen. Da darf man fragen, mit welchen Windgeschwindigkeiten hier gelüftet werden soll. Die Behauptung, in Dänemark habe das gut funktioniert, wird somit zur Lüge, denn: In Dänemark wurde, sofern möglich, der Unterricht sogar nach draußen verlegt, das kann man wohl kaum mit einem Kippfenster vergleichen. Und Dänemark ergriff konzeptionelle Maßnahmen, um den Mindestabstand nicht nur zu ermöglichen, nein, er wurde sogar vergrößert – auf 2 Meter. Dafür wurden beispielsweise Klassen aufgeteilt und in einer Art Zwei-Schicht-System unterrichtet. Da wir darauf keine Lust haben und es eben auch Geld kostet, entscheiden wir: Keine Masken, kein Abstand, keine reduzierte Klassenstärke zur Begrenzung der Kontaktzahlen – sämtliche Maßnahmen, die sich bei der Eindämmung der Pandemie als wirksam herausstellten, werden einfach ignoriert. Das bedeutet: Praktisch null Infektionsschutz. Alle Pseudomaßnahmen, die stattdessen ersatzweise greifen sollen, sind da verhältnismäßig irrelevant. Es ist egal, wie oft Sie einen Tisch desinfizieren, wenn Sie das Virus mit der Luft einatmen. Es ist egal, wie oft Sie lüften, wenn der Nieser Ihres Nachbarn Sie mitten im Gesicht trifft, weil er ja nur eine Handbreit neben Ihnen sitzt. Wir wollen haben, was die Dänen haben, aber ohne zu leisten, was die Dänen leisteten. Das Wort Dummheit scheint mir hier beschönigend. Aber es passt zu vielem, was wir aus NRW in dieser Krise gesehen haben. Und während argumentiert wird, die Eltern hätten all das gefordert, beklagen sich tatsächlich immer mehr Eltern bitterlich darüber, es in der Praxis mit völlig unvorbereiteten Lehrern zu tun zu haben und mit Schulen, die ihre Hausaufgaben offenbar nicht gemacht haben. Es ist ein bisschen wie Schwarzfahren. Wir wollen Busfahren, aber wir wollen kein Ticket kaufen. Was tun wir also? Wir steigen ohne Ticket ein. Das Motto lautet: Daumen drücken!

Und während wir noch nicht einmal wissen, wie sich die Pandemie im Laufe der nächsten Woche entwickelt, postulieren politische Hellseher bereits, der Schulbetrieb werde nach den Sommerferien definitiv ganz normal weitergehen. Monate im Voraus. So einfach lassen sich unseriöse Quellen identifizieren.

Durch Dummheit und Fahrlässigkeit haben wir die Krise also zunächst in Gang gebracht, dann in die Länge gezogen, und genau so machen wir weiter. Diesen Feldversuch an Grundschulen durchzuführen, ist eine der verantwortungslosesten Ideen, die in Umlauf gebracht wurden, ein konzeptioneller und geistiger Offenbarungseid. Die Versuchskaninchen dabei sind wir und unsere Kinder. Dabei waren wochenlang zuvor Konzepte angekündigt worden. Das einzige Konzept, das gefunden wurde, war die Aufhebung der Vorsichtsmaßnahmen. Gerade von kleineren Kindern wissen wir, dass diese häufig gar keine Krankheitssymptome zeigen, aber dennoch andere infizieren könnten. Die beste Voraussetzung für eine unbemerkte Ausbreitung. Und während ein Fünfzehnjähriger in aller Regel wenig Wert auf das Kuscheln mit Mama und einen Gutenachtkuss legt, gehört das bei einem Siebenjährigen zur Selbstverständlichkeit. Wenn Sie bislang versucht haben, insbesondere Ihre Kinder keiner Infektionsgefahr auszusetzen, dann war das jetzt wohl „für die Katz'". Sie werden nun dazu verpflichtet. Denn in diesem „Konzept" ist ein einzelner Infektionsfall innerhalb einer Klasse geeignet, die gesamte Klasse zu infizieren, die die Infektion wiederum zu Hause weitergibt. Und ein Kind, das zu Hause mit einem Infektionsfall in Berührung kommt, führt möglicherweise zu diesem Geschehen, und zwar schneller, als ein Verdachtsfall sichtbar wird. Die Frage ist nicht, ob das geschehen wird, sondern lediglich, wann welche Klasse betroffen sein wird. Und so könnten die paar Tage, die den Verantwortlichen jetzt so unverzichtbar erscheinen, den gesamten Schulbetrieb wieder für Monate lahmlegen. Übrigens vermutlich ein Grund, warum hier unbedingt noch vor den Sommerferien gestartet werden musste. Dann könnten sich erkrankte Kinder und Eltern während der Ferien in Quarantäne begeben und würden damit nicht den Schulalltag belasten, clever, oder? Selbst wenn wir unterstellen, dass derartige Experimente gutgehen sollten, so wäre es nichts anderes, als ließen wir ein Kind unbeaufsichtigt mit Streichhölzern spielen. Würden Sie dann das Argument: „Es ist doch nichts passiert" als Beweis für Verantwortungsbewusstsein durchgehen lassen? Und so ist es kein Wunder, wenn etliche Schulen schneller wieder schließen, als sie geöffnet wurden.

Einige Bundesländer wollen gleich auf alle Maßnahmen verzichten, mit denen das Infektionsgeschehen erfolgreich begrenzt werden konnte. Es funktioniert, also schaffen wir es ab. Bemühen wir einen Vergleich: Wenn es draußen wie aus Kübeln regnet und Sie keinen Schirm dabeihaben, dann stellen Sie sich wahrscheinlich irgendwo unter, um nicht nass zu werden und sich nicht zu erkälten. Meistens stellen sich an einem guten Plätzchen dann mehrere Leute gleichzeitig unter. Was würden Sie denken, wenn jemand aus dieser Gruppe plötzlich sagt: „Dieses Unterstellen ist total unnötig! Schauen Sie, wir sind doch komplett trocken!", und dann in den Regen hinausgeht – für wie intelligent würden Sie einen solchen Menschen halten? Viele Menschen scheinen zu denken, dass das reine Wissen um die Infektionsgefahr bereits eine Immunität auslöst. Witzigerweise stimmt das in gewisser Weise – wenn man dieses Wissen in Form von Schutzmaßnahmen anwendet. Und nur dann.

Es ist uns gelungen, die Krise dermaßen in die Länge zu ziehen, dass wir nun keine Reserven mehr haben. Einen zweiten Lockdown würden viele Unternehmen und Privathaushalte wirtschaftlich nicht mehr überstehen. Doch die Gefahr ist noch immer da. Es ist das alte Spiel: Wenn Sie versuchen, es allen gleichzeitig recht zu machen, dann werden Sie es am Ende niemandem recht gemacht haben, weil Sie alles nur halbherzig angegangen sind. Da hätte es mehr Sinn gemacht, eins nach dem anderen zu erledigen. So haben wir eine auf der Kippe stehende Wirtschaft und eine genauso auf der Kippe stehende Epidemie gleichzeitig. Und nebenbei bemerkt: Es gibt kein Naturgesetz, das besagt, dass diese beiden Seiten im Gleichgewicht bleiben müssten – alles kann jederzeit umkippen.

Bevor wir es vergessen – eine Kleinigkeit wäre da noch. Nämlich unser Staatsapparat selbst. Beinahe hätten wir es übersehen, aber der Staatshaushalt steht mittlerweile ebenso auf der Kippe. Da wir in der gesamten Gemengelage gezwungen waren, die Folgen unserer Untätigkeit durch umfangreiche Hilfspakete zumindest teilweise abzufedern, haben wir damit ein weiteres Risiko selbst geschaffen. Natürlich haben diese Hilfspakete nur dann eine Wirkung, wenn dadurch Unternehmensinsolvenzen und die damit verbundene Arbeitslosigkeit von Millionen von Arbeitnehmern abgewendet werden. Doch die Wirkung dieser Hilfen ist nicht von langer Dauer. Sollte sich die Bedrohung durch Corona wieder verschärfen und deshalb die Krise nochmals verlängern, dann würden wohl viele der vorübergehend geretteten Unternehmen letztlich doch die weiße Flagge hissen müssen. Die für die Hilfen ausgegebenen Summen wären damit versenkt – und der Nutzen binnen weniger Monate komplett verpufft. Selbst Deutschland kommt irgendwann an den Rand dessen, was es sich leisten kann. Wir haben uns auf einen unendlich schmalen Grat begeben und sind auf Gedeih und Verderb darauf angewiesen, dass in der Folge alles gut geht. Wir sollten also darauf hoffen, dass die Optimisten wenigstens dieses Mal Recht behalten. Denn einen „Plan B" haben wir eher nicht mehr. Umso erstaunlicher, wie viel Mut zum Risiko hier vorhanden ist. Dennoch ist es bemerkenswert, wie viel Geld für die Beseitigung der eigenen Fehler mobilisiert werden konnte, während wir permanent einwenden, es sei nicht genügend Geld vorhanden für unser Bildungssystem, Kinderbetreuung oder eine spürbare Anpassung von Sozialleistungen. Wenn wir uns anschauen, welchen Betrag wir nun durch Fahrlässigkeit verloren haben, dann wird klar: Mit einem Investment dieser Größenordnung hätten wir all diese Probleme lösen und die Weichen für blühende Landschaften in unserem Land stellen können. Und von dem, was dabei übrig geblieben wäre, hätten wir jedem einzelnen Bürger noch eine 14-tägige Kreuzfahrt mit der „Diamond Princess" spendieren können. Rechnen Sie das ruhig einmal nach.

Da ist es auch kein Wunder, dass wir aus Wirtschaftskreisen bereits sehr forsche Ansagen vernehmen, die besagen, einen zweiten Lockdown werde es auf keinen Fall geben. Das könnten wir uns nicht leisten. Im Klartext bedeutet das: Egal was kommt, wir werden keine Rücksicht mehr nehmen – dann wird eben gestorben.

Wie man das Verständnis der Gesellschaft riskiert

Unangenehm auffällig an der gesamten Lockdown- und Lockerungsphase ist bis heute, dass die Definition des Risikos weniger mit der Realität als viel mehr mit der staatlichen Deutungshoheit zu tun hat. Gleiche Fragestellungen unterliegen unterschiedlichen Reglementierungen. Viele Menschen waren trotz Lockdowns arbeitsrechtlich zur Arbeit verpflichtet, während ihnen gleichzeitig jedoch privat strikte Kontaktbeschränkungen auferlegt waren. Der Löwenanteil der Prävention wurde zur Privatangelegenheit des Bürgers erklärt. Im Privatbereich wurde verboten, wozu Sie bei der Arbeit verpflichtet wurden. Wenn Sie also in der Firma gezwungen waren, zu viert auf engem Raum miteinander zu arbeiten, dann durften Sie dies nicht verweigern – andernfalls drohte die Kündigung, und jedes Arbeitsgericht der Republik würde dies bestätigen. Wenn Sie jedoch vor der Firma mit Ihren drei Kollegen noch ein Schwätzchen hielten, dann musste jeder von Ihnen dafür bis zu 250 Euro Bußgeld berappen. Das Argument: „Aber wir haben die letzten acht Stunden doch sowieso so nah beieinander gestanden", interessiert da niemanden. Allerdings werden mit demselben Argument die Grundschulen wieder geöffnet, weil es sich um „homogene Gruppen" handelt, die immer in derselben Zusammensetzung bleiben. Es ist übrigens ein zweifelhaftes Argument, da ja jedes einzelne Mitglied dieser Gruppe fortwährend Kontakte außerhalb dieser Gruppe unterhält. Und während Sie nicht einmal als Einzelperson ein Hotelzimmer beziehen durften, wurde dem thailändischen König mit derselben Begründung gestattet, mit seinem Hofstaat ein ganzes Hotel zu beziehen. „L'état c'est moi", soll einst der französische „Sonnenkönig" Ludwig XIV. gesagt haben, zu Deutsch: „Der Staat bin ich." Und so ähnlich verhält es sich mit der Interpretation der Gefahrenlage: Heute erlaubt, morgen verboten, übermorgen Pflicht – „Was gefährlich ist, entscheiden wir", so könnte man sagen. Dass eine solche Vorgehensweise das Verständnis, die Moral und die Disziplin der Bevölkerung zunichte machen kann, sollte jedem klar sein. Dass dann Aussagen aufkommen wie: „Malochen darfst Du, aber sonst darfst Du nix" - wen wundert´s.

Und letztlich, so seltsam es vielleicht klingen mag: Mit jeder Lockerung wächst die Gefahr von Verstößen. Entweder werden diese in der Gemengelage gar nicht mehr erkannt, eventuell sogar stillschweigend geduldet, oder die Sicherheitskräfte bekommen alle Hände voll zu tun – und zwar mit einer immer uneinsichtigeren Bevölkerung. Denn wenn Feiern mit 50 Personen erlaubt sind, was spricht dann gegen 70, so lautet schon heute bei vielen die Logik.

Sollte eine erneute Verschärfung der Kontaktbeschränkungen notwendig werden, können wir vermutlich auch nicht mehr auf die Disziplin der ersten Welle vertrauen. Die Gefahr, dass viele Menschen dann nicht mehr für Argumente offen sind, sondern sich auf Pauschalaussagen zurückziehen wie: „Dieses Hick-Hack führt doch zu nichts, die wissen doch selbst nicht, was richtig ist", wird dann möglicherweise zunehmen.

Risikofaktor Judikative

In der Reihe der selbstverliebten Laiendarsteller innerhalb der Corona-Krise nehmen Juristen und Gerichte eine ganz besondere Position ein. Ohne irgendeine fachliche Eignung werden sie zur Instanz erhoben, die den gesamten Katastrophenschutz ad absurdum führen kann. Ein einzelner Nicht-Experte kann alle Entscheidungen sämtlicher politischer und fachlicher Gremien zunichte machen, wenn er mit dem falschen Fuß aufgestanden ist.

In der ZDF-Sendung „Markus Lanz" vom 03.06.2020 gab Wolfgang Kubicki, Jurist und FDP-Politiker, sinngemäß zum Besten, im Zweifel sei es an den Juristen bzw. Gerichten, über die Aufrechterhaltung der Corona-Einschränkungen zu entscheiden. Und wenn alle Länder der Meinung seien, die Lage im Griff zu haben, dann gäbe es eben keine Grundlage dafür, diese Maßnahmen beizubehalten.

Mit anderen Worten: Gerichte können alle Maßnahmen außer Kraft setzten, die bislang eine Katastrophe verhinderten, weil die Katastrophe ja nachweislich nicht eingetreten ist. Das „Präventions-Paradox" soll praktisch Gesetz werden und Verschwörungstheoretiker, die alles von vornherein für Blödsinn hielten, erhalten nun auch noch eine rechtsstaatliche Legitimation. Eine im wahrsten Wortsinn revolutionäre Idee. Die Entscheidung wird also endgültig in die Hand vollkommener Laien gegeben. Das Ergebnis: Mögliche Todesfälle sind uninteressant gegenüber einem sicheren wirtschaftlichen Schaden und der — immer wieder gerne scheinheilig in den Vordergrund gestellten – Einschränkung von Grundrechten. Die Virologen müssten also praktisch auf juristischem Parkett beweisen, dass Lockerungen Menschenleben kosten würden. Aus juristischer Sicht eine schwierige Angelegenheit. Der gesunde Menschenverstand sagt uns, dass wir uns auf eine sehr ähnliche Logik in dieser Angelegenheit schon einmal verlassen haben und entsprechend schon wissen, wohin das führt. Juristen sind überhaupt die schlechtesten Ratgeber, die Sie in dieser Situation bekommen können. Um eine Lebensgefahr juristisch zweifelsfrei beweisen zu können, muss in der Regel zunächst jemand sterben, denn sonst bleibt immer der Einwand, es handele sich um rein an den Haaren herbeigezogene Spekulationen. Und tatsächlich haben bereits Gerichte die Einschränkungen in Teilbereichen unterminiert und für rechtlich nicht haltbar erklärt, zur Not aufgrund formeller Fehler. Dass dadurch das Recht auf Leben gemäß Artikel 2 Grundgesetz für einige Menschen wertlos verfällt, stört die Juristen wenig. Aber Verstorbene klagen ja auch nicht mehr.

Dieses juristische Kalkül ist ein alter Hut. Wenn wir ehrlich sind, ist uns das auch durchaus bekannt. In einer Folge der in den 80er-Jahren sehr beliebten Unterhaltungsserie „ALF" ist der knuffige Außerirdische im Traum mit seinem Schutzengel im Himmel unterwegs. Als ihm etwas nicht passt, verlangt er nach seinem Anwalt und bekommt die Antwort: „Wir sind im Himmel – hier gibt es keine Anwälte." Klingt plausibel.

Ich erinnere mich an ein Gespräch, das ich einmal mit einem Anwalt führte, nachdem er einen Prozess verloren hatte. Ich kannte den Sachverhalt des Falles und war überrascht, da offensichtlich war, dass die Gegenseite gelogen hatte, dass sich die Balken bogen. Ich fragte ihn, wie das Recht sein könne, schließlich sei die Wahrheit doch offensichtlich gewesen. „Vor Gericht", so antwortete er mir, „hat es noch nie jemanden interessiert, was die Wahrheit ist, da zählt nur die Frage, wer was beweisen kann. Und unser Mandant hatten eben nichts Schriftliches." Ja, wir sprechen von der deutschen Gerichtsbarkeit. Einer Gerichtsbarkeit, die sich längst zur – nach ihrer eigenen Wahrnehmung elitären – Subkultur im Rechtsstaat entwickelt hat, fernab des gesunden Menschenverstandes. Einem Rechtsstaat, in dem todbringende Rüstungsdeals mit Saudi-Arabien legal sind, der aber acht Jahre Haft verhängt, wenn das damit verdiente Geld nicht anständig versteuert wurde. Einer Gerichtsbarkeit, die zum Urteil gelangt, dass einem Tötungsdelikt das Merkmal der Grausamkeit fehlt, wenn das Opfer, auf das eine Stunde lang brutal eingeschlagen wurde, dabei bereits nach einer Minute bewusstlos war, weshalb der Täter kürzer einsitzen muss als der Steuerhinterzieher. Einer Gerichtsbarkeit, die kein strafrechtliches Verschulden darin finden kann, wenn aus purer Profitgier ein ungeeignetes Gelände für eine Massenveranstaltung genutzt wird und deshalb über zwanzig Menschen zu Tode kommen.

Es ist eine Gerichtsbarkeit, die oftmals nichts mehr mit Rechtsprechung im Wortsinne zu tun hat und die umso überzeugter von ihrer eigenen Genialität ist, je mehr es ihr zu erklären gelingt, warum genau das Gegenteil des Offensichtlichen Recht sein soll. Diese Gerichtsbarkeit, die schon überfordert ist, überhaupt Recht zu sprechen, schwingt sich nun also auch noch auf, ihren unqualifizierten Senf zu dieser Debatte hinzu zu geben und stellt ihre Arroganz über wissenschaftliche Erkenntnisse und gesunden Menschenverstand und sabotiert im Zweifel den gesamten Katastrophenschutz. Für daraus eventuell resultierende Opfer haftet übrigens – Sie ahnen es – niemand. Der Richter ohnehin nicht, der konnte es ja nicht besser wissen, schließlich kennt er sich ja mit der Thematik überhaupt nicht aus. Und wie der von mir befragte Anwalt schon erklärte: Er muss sich ja schließlich nach der Beweislage richten. Ein Verdienstausfall ist da relativ einfach zu beweisen. Aber wie beweist man, dass die Aufhebung von Einschränkungen Menschenleben kostet? Na, ganz einfach, durch einen möglichst hohen Stapel Sterbeurkunden. Im Nachhinein, wenn es zu spät ist. Dann müssen Sie nur noch beweisen, dass diese ohne Lockerungen nicht angefallen wären. Das ist juristisch allerdings wieder recht „tricky". Für den Hausgebrauch wird es genügen, wenn Sie sich merken: Wenn Sie auf der Suche nach gesundem Menschenverstand sind, sind Gerichtssäle nicht unbedingt ein heißer Tipp.

Die Frage nach der Verantwortung

Angesichts der Präsenz von Experten in den Medien, auf Pressekonferenzen und in den offiziellen Veröffentlichungen wurde schon vielfach hinterfragt, wer denn nun das Land regiere. Die Stimmen mehrten sich, die der Meinung waren, Deutschland werde mittlerweile von Virologen regiert. Das war natürlich blanker Unsinn. Die Rolle der Experten war indes eine ganz andere.

Wissen Sie, was ein Rodeo-Clown ist? Ein Rodeo-Clown ist eine Art Stuntman, der, sobald der Cowboy vom Bullen abgeworfen wurde, in die Arena springt und – meist im lustigen Clowns-Kostüm – unter Einsatz seines eigenen Lebens die Aufmerksamkeit des Bullen auf sich lenkt, damit der Cowboy sich derweil in Sicherheit bringen oder geborgen werden kann. Die gleiche ehrenhafte Aufgabe wurde auch Virologen und anderen Experten zuteil. Diese zu präsentieren, brachte unseren verantwortlichen Politikern gleich mehrere Vorteile. Zunächst einmal war es ihnen so möglich, sich zumindest ein wenig aus dem Rampenlicht und damit aus der Schusslinie zurückzuziehen. Zweitens übertrug die Öffentlichkeit in ihrer Wahrnehmung das kompetent wirkende Auftreten der Experten auch auf die Politik. Ein ausgezeichneter Schachzug, um Vertrauen zu gewinnen und die Bevölkerung zu beruhigen. Und letztlich machten die Experten sich nützlich, indem sie der Presse und Bevölkerung gegenüber das Vorgehen der Politik lobten und Vorwürfe zurückwiesen. Und wenn das ein echter Experte sagt, dann muss es stimmen. Muss es das?

Betrachten wir an dieser Stelle das meines Erachtens schwerwiegendste und folgenschwerste Fehlurteil der gesamten Krise. In der Betrachtung der ersten Phase waren wir bereits ausführlich auf die Sichtweise unseres Gesundheitsministers bezüglich der Karnevalsveranstaltungen eingegangen. Wie wir uns erinnern, erkannte er hierin keine Verfehlungen seiner Person oder der Bundesregierung. Dass Griechenland es wesentlich besser und verantwortungsvoller machte, hatten wir ebenfalls schon angeführt, es wäre also auch bei uns durchaus möglich gewesen.

Ausgerechnet der Shooting Star der Medien sprang dem Minister hier zur Seite. In Folge 14 des NDR „Coronavirusupdate" erklärt Prof. Drosten, Schuldzuweisungen aufgrund der nicht erfolgten Karnevalsabsage seien verfehlt. Es habe ja zu jenem Zeitpunkt gar keine Fälle gegeben. Deshalb sei diese Logik ihm zu einfach.

Eine spannende Sichtweise, wenn ein renommierter Wissenschaftler offensichtliche Kausalität als „zu einfach" bezeichnet. Tatsächlich wäre den Verantwortlichen jetzt mit ein bisschen Verkomplizierung und Komplexität geholfen. Bedauerlicherweise lässt sich diese nicht einmal mutwillig konstruieren. Wenn derart offensichtliche Fehlentscheidungen getroffen und bereits zwei Tage später erkennbar werden, dann ist die Lösung eben einfach. Sehr einfach.

Vielleicht kennen Sie diese Verteidigungsstrategie daher, wenn Sie einen Fünfjährigen eine Minute allein im Wohnzimmer lassen. Sie hören ein Klirren, ein Scheppern, Sie schauen um die Ecke und vor Ihnen steht ein Kind mit einem Scherbenhaufen vor seinen Füßen, der vor einer Minute noch eine recht teure Vase war und spricht voller Überzeugung die Worte: „Das war ich nicht!" Da bleibt nur eine logische Erklärung: Wir müssen es mit einem paranormalen Phänomen zu tun haben.

Ebenso interessant ist es, dass der Virologe sich hier schützend vor die Entscheidungen der Politik stellt, hatte er doch stets beteuert, die Wissenschaft könne nur die Grundlagen für politische Entscheidungen bereitstellen, die Entscheidungen daraus abzuleiten, sei rein Angelegenheit der politisch Verantwortlichen, nicht die der Virologen.

Nun möge jeder seinen gesunden Menschenverstand befragen und sich selbst überlegen, wie groß die Wahrscheinlichkeit war, bei einer Bevölkerung von rund 83 Millionen Menschen, die in Ermangelung von Reisebeschränkungen jederzeit unkontrolliert an Corona-Hotspots und wieder zurück reisen konnten, tatsächlich „gar keine Fälle" zu haben. Tatsächlich spricht Prof. Drosten auch das Vorhandensein einer Dunkelziffer an, entkräftet dies jedoch gleich mit dem Einwand, es sei gleichgültig, womit man null multipliziere, das Ergebnis sei immer null. Wie wir wissen, entsprach die Null *nicht* der Realität. Und wie uns unser gesunder Menschenverstand sagt, konnte man das durchaus wissen, selbst wenn die Fälle nicht offiziell bekannt waren. Wenn Sie von der Existenz einer Dunkelziffer ausgehen und die Gleichung auf Ihrem Papier vorsieht, die tatsächlich ermittelte Zahl mit einem bestimmten Faktor zu multiplizieren, um die

Dunkelziffer zu ermitteln, dann erhalten Sie tatsächlich in diesem Fall immer das Resultat null. Hier sagt uns der gesunde Menschenverstand, dass bei dieser Datenlage die Zahl der Dunkelziffer in absoluten Zahlen geschätzt und zur Null addiert werden muss. Natürlich bringt es nichts, wenn Sie beispielsweise in Ihr Portemonnaie schauen und überhaupt kein Geld darin finden, sich vorzustellen, wenn Sie nun bei Ebay ein paar Dinge verkaufen würden, könnten Sie morgen das Dreifache besitzen. Wenn Sie so rechnen, werden Sie, einmal bei null angekommen, nie wieder etwas besitzen. Eine solche Rechnung ist vollständig sinnfrei. Doch die Entscheidungen wurden ohne gesunden Menschenverstand gefällt. So fällt mir ein Zitat eines Professors für die Ausbildung von Bauingenieuren ein, der seine Studenten ermahnte, ihre Berechnungen immer auch mit dem gesunden Menschenverstand zu überprüfen, denn: „Man kann sich niemals so verschätzen, wie man sich verrechnen kann.“

Prof. Drosten erlaubt sich sogar den Einwand, diejenigen, die seinerzeit gewarnt hätten, hätten dies seiner Meinung nach nicht auf Grundlage einer korrekten Datenbasis getan. Tatsache ist, die Null existierte nicht in der Realität, sondern lediglich auf dem Papier der Verantwortlichen. Eine sachgemäße Schätzung war also in jedem Fall die bessere Grundlage für Prognosen, als eine offensichtlich mit falschen Zahlen ausgeführte Berechnung. Denn Tatsache ist auch, die von Professor Drosten angeführte Null war definitiv die falsche Datenbasis und der gesunde Menschenverstand konnte dies erkennen. Es ist eben ein Unterschied, ob man eine Statistik nur liest oder interpretiert und dabei für Zukunftsprognosen auch die bekannten Unzulänglichkeiten der Datenlage richtig einschätzt. Das ist wichtig. Wenn die USA gegen Luxemburg Basketball spielen und es nach zwanzig Sekunden 0:0 steht, dann müsste man nach der Logik der Experten hier auch sagen, es deute alles auf ein Unentschieden hin. Streng nach Prof. Drostens Hochrechnung müsste die Prognose des Endergebnisses sogar ebenfalls 0:0 lauten. Nach Spielende werden die Amerikaner dann wahrscheinlich mit 162:48 gewonnen haben. Sich dann damit zu rechtfertigen, diejenigen, die auf die USA getippt hätten, hätten dies auf Basis einer falschen Datenlage getan — es tut mir leid, aber das ist schon äußerst unverschämt. Dafür muss man kein Verständnis haben. Nun wissen wir, die Risikoeinschätzungen, die uns vermittelt wurden, bezogen sich so gut wie nie auf die Gegenwart, geschweige denn die Zukunft, sondern immer nur auf den vergangenen Zeitpunkt, an dem die jeweilige Statistik aktuell war. Denn diese sind, wie wir wissen, immer bestenfalls eine Darstellung des Geschehens vor mehreren Tagen. Mit anderen Worten: Wir bekamen die Wettervorhersage von letzter Woche als Planungsgrundlage für morgen.

Wie man selbst lange im Nachhinein noch fest und steif behaupten kann, eine erwiesenermaßen falsche Annahme sei die beste gewesen, ist an Ignoranz schwerlich zu überbieten. Eine Prognose trat ein, die andere erwies sich als falsch. Völlig falsch. Und am Ende stellen sich diejenigen, die die falsche Prognose abgaben, auf den Standpunkt, sie hätten eigentlich die bessere Prognose abgegeben. Wieder bleibt nur eine Erklärung: Die Realität muss irgendetwas falsch gemacht haben. Vielleicht kommt auch Ihnen diese Form der

Argumentation bekannt vor – richtig, es ist typisch „Stromberg". Aber da war es immerhin lustig.

Fakt ist: Die Realität gab den Warnern Recht. Die Prognose der Verantwortlichen war falsch, ihre Entscheidungen waren falsch, die Konsequenzen sind vernichtend. Jede in der Folge erforderlich gewordene Maßnahme ging ursächlich auf diesen Fehler zurück. Ein neuer Rekord wurde aufgestellt. Der Rekord für den schlimmsten und teuersten Fehler Deutschlands nach dem zweiten Weltkrieg.

Wie dermaßen falsch die Einschätzungen der Verantwortlichen waren, können wir einer Veröffentlichung auf der Website des Deutschen Bundestages vom 12.02.2020 entnehmen. Lang und breit wird ausgeführt, die Bundesregierung wolle außerplanmäßig 23 Millionen Euro für die Bekämpfung des Corona-Virus bereitstellen, unter anderem für die Bekämpfung der Ausbreitung und für Maßnahmen zur Entwicklung eines Impfstoffes und von Medikamenten. 23 Millionen Euro. Sagen Sie das ein paar Mal vor sich hin. Sie werden sehen, es klingt bei jedem Mal lächerlicher. Das entspricht dem Preis eines Ersatzspielers in der Fußball Bundesliga. Verglichen mit dem in der Folge entstandenen Schaden entspricht dieser Betrag etwa einer Kaufprämie von 80 Cent beim Kauf eines Neuwagens. Diese Priorität wurde dem Problem eingeräumt. Und das weniger als zwei Wochen vor Rosenmontag – die Katastrophe war unvermeidbar. Bei der freitäglichen „Eurojackpot"-Lotterie können Sie fast bis zum Vierfachen dieses Betrages gewinnen. Und damit nicht genug, Fahrlässigkeit, Dummheit und Schlamperei wurden ausdrücklich gelobt. Zitat: „Ein Vertreter der Unions-Fraktion sprach dem Bundesgesundheitsminister Jens Spahn (CDU) und dem Ministerium Dank aus. Deren Reaktion sei "professionell und gelassen" gewesen." Ja, gelassen war sie zweifellos. 23 Millionen Euro.

Der 12.02.2020 wird in die Geschichte eingehen als einer der Tage, die am deutlichsten zeigten, wie schlecht und desolat unser Krisenmanagement war. Jens Spahn erklärt an diesem Tag – wie gesehen – auf seinem Facebook-Profil, es sei nicht klar, ob es zu einer Pandemie kommen werde. Am selben Tag berichtete er nach Informationen von „tagesschau.de" („Die verlorenen Wochen") im Gesundheitsausschuss, es sei zu diesem Zeitpunkt eine „irreale Vorstellung", dass es zu einer Pandemie kommen könne. Und ebenfalls am gleichen Tage konnten wir der Presse die Mitteilung über einen Bericht des RKI entnehmen, in dem das Institut erklärte, dass es angesichts der bisherigen Entwicklung zu einer Pandemie kommen könne. Ein ereignis- und abwechslungsreicher Tag.

Im angesprochenen „Coronavirusupdate" gibt Professor Drosten außerdem eine Empfehlung zum Umgang mit Schuldzuweisungen: „Und man muss doch wirklich sagen, was soll denn diese Rechthaberei im Nachhinein? Damit ist niemandem geholfen." So langsam dämmert uns, woher der Wind weht. Es geht darum, die störenden Fragen nach der Verantwortung abzuwürgen.

Es stimmt mich offengestanden traurig, dass ein hochdekorierter Wissenschaftler und Inhaber des Bundesverdienstkreuzes sich zu einer derartigen

Argumentation herablässt, die eigentlich gar keine ist. Wenn Sie zu spät zur Arbeit erscheinen und Ihr Chef Sie zur Rede stellt, könnten Sie natürlich auch sagen, diese Rechthaberei helfe niemandem, dadurch ginge nur noch mehr Zeit verloren. Wir hätten auch gleich das geozentrische Weltbild behalten können, denn für 99 Prozent der Menschheit ist es völlig egal, ob nun die Erde um die Sonne kreist oder umgekehrt, solange die Sonne jeden Morgen aufgeht. Dass gerade ein Wissenschaftler Derartiges zum Besten gibt, ist schon erschreckend oberflächlich. Wenn Sie bedenken, dass es hier um die Verantwortung für tausende von Menschenleben, Millionen von Schicksalen und Existenzen und Milliarden und Abermilliarden von Euro geht, dann kann man derartig empathielose Plattitüden als durchaus verantwortungslos empfinden. Doch allgemein zeigte sich, dass die führenden Köpfe der Krise jedes Mal äußerst verschnupft reagierten, wenn sie auf Fehler und die Verantwortung für diese angesprochen wurden. Ähnlich der chinesischen Regierung, wenn das Thema Menschenrechte auf der Agenda steht. Kurzerhand wurden alle, die es wagten, die gemachten Fehler zur Sprache zu bringen, zu Störenfrieden und Nestbeschmutzern erklärt, denen es nur um Rechthaberei ginge.

Bei allem Respekt, nein, es ist nicht gleichgültig. Natürlich können die entstandenen Schäden dadurch nicht rückgängig gemacht werden, aber *gerade deshalb* geht es hier nicht um Rechthaberei, sondern um die Verantwortung für tausende von Todesopfern, eine sechsstellige Anzahl von Erkrankten, noch ungeklärte Langzeitfolgen und die größte wirtschaftliche

Katastrophe des Landes nach dem zweiten Weltkrieg. Nein, auf diese Aufarbeitung können wir nicht verzichten. Das als nutzlose Rechthaberei zu bezeichnen, ist die größte denkbare Geringschätzung, die man den Opfern und den Leidtragenden dieser Krise entgegenbringen kann.

Erinnern Sie sich an die provokative Empfehlung aus dem Vorwort dieses Buches, man solle immer den größtmöglichen Schaden verursachen, denn dann sei die Chance, ungeschoren davonzukommen am besten? Gut drei Jahre vor dem Beginn der Corona-Krise verurteilte ein deutsches Gericht einen Fahrdienstleiter für gemachte Fehler, die ein Zugunglück mit zwölf Todesopfern und über achtzig Verletzten zur Folge hatten, wegen fahrlässiger Tötung und fahrlässiger Körperverletzung zu einer Haftstrafe von dreieinhalb Jahren. Er war durch ein Handyspiel abgelenkt, als sich das Unglück anbahnte. Er hatte seine Fehler eingestanden. Für einundzwanzig Tote und über 500 Verletzte bei der Love-Parade in Duisburg wird es keine strafrechtliche Verurteilung und damit keine Gerechtigkeit geben. Dieses Urteil fiel während der Corona-Krise. Hier gestand niemand eine Schuld ein. Und für die Verantwortlichen der Corona-Krise wird es vermutlich nicht einmal überhaupt ein Nachspiel geben. Hier gilt schon allein die Frage nach der Verantwortung als Unverschämtheit und Rechthaberei. Nicht ausgeschlossen, dass man sich im Nachhinein noch gegenseitig für Auszeichnungen und Orden vorschlagen wird, während tausenden von Mindestlöhnern in Gastronomie und an Tankstellen in Deutschland sogar Kassendefizite – oftmals rechtswidrig – von ihrem ohnehin kaum messbaren Lohn abgezogen werden – wer es hier wagt, auch nur auf Recht und Gesetz zu bestehen, der „fliegt".

Was sagt Ihr gesunder Menschenverstand dazu? Halten Sie das für akzeptabel oder denken Sie noch immer, man müsse Virologe sein, um das beurteilen zu können und zu dürfen?

Es ist übrigens keineswegs so, dass nur Panikmacher und ultra-ängstliche Laien in diesen närrischen Tagen warnten, wie man meinen könnte, wenn man sich die Statements aus der deutschen Politiker- und Wissenschaftselite anschaut. Im Gegenteil, deutliche Warnungen kamen ebenso von ausgezeichneten und hochqualifizierten Spezialisten.

So warnte drei Tage vor Rosenmontag WHO-Chef Ghebreyesus persönlich davor, dass sich das Zeitfenster schließe, um Corona unter Kontrolle zu halten. Wenn diese Chance verpasst würde, resultierten daraus ernsthafte Probleme. Er warnte eindringlich davor, eines Tages zurückschauen und erkennen zu müssen, diese Zeit nicht genutzt zu haben. Von höherer Stelle kann man fast nicht gewarnt werden.

Auf der Website der Deutschen Welle lesen wir am Rosenmontag einen Kommentar von Judith Hartl, der Leiterin der Wissenschaftsredaktion der Deutschen Welle. Zwar äußert sie einerseits Verständnis dafür, dass der Karneval in Deutschland stattfindet, bezeichnet dies jedoch gleichzeitig als „bizarre und unkontrollierbare Freilandstudie". Und resümiert: „Die Wahrscheinlichkeit, dass sich das Virus diese Gelegenheit der Speed-Ausbreitung nehmen lässt, ist da eher gering."

Trefferquote dieser Expertise: 100 Prozent.

Zwei Biologen, eine klare Warnung. Fachwissen und gesunder Menschenverstand schließen sich eben nicht gegenseitig aus. Mangel an gesundem Menschenverstand ist ein ganz individuelles Defizit.

Prof. Drosten jedoch meint in diesem „Coronavirusupdate", es sei schließlich klar gewesen, dass es irgendwann auch hier losgehen würde, zum Zeitpunkt des Karnevals sei dies aber eben noch nicht der Fall gewesen. Nun, natürlich war es klar, dass das Virus noch häufiger in Deutschland auftauchen und nicht immer rechtzeitig entdeckt werden würde, um einen zumindest begrenzten Ausbruch von COVID-19 verhindern zu können. Dies ist aber weder ein gutes Argument, um durch Spreader-Events selbst den Startschuss zur Katastrophe zu geben, noch ist dies sachlich eine gute Rechtfertigung. Denn um eine Epidemie zu begrenzen, ist es von höchster Bedeutung, Infektionsketten nachvollziehen zu können. Und das geht am besten dann, wenn Kontakte nachvollzogen werden können und nicht überall im Land gleichzeitig eine Vielzahl von nicht nachvollziehbaren Infektionsketten in Gang gerät. Genau dieses Ziel wurde durch die katastrophalen Fehlentscheidungen dieser Tage zunichte gemacht und hier liegt die Schuld für die Einschränkungen der folgenden Monate und ganz besonders für die Dauer dieser Maßnahmen. Dies zu verteidigen widerspricht jeder Logik, auch der wissenschaftlichen. Es stimmt, es war noch nicht losgegangen, es wurde erst durch die Trägheit der verantwortlichen Entscheider in Gang gesetzt. Wir drehen uns also im Kreis bei der Überprüfung dieser Argumente und kommen notwendigerweise zu der Erkenntnis, dass die Verhaltensweisen unserer Verantwortlichen *nicht* zu rechtfertigen sind. Doch schon jetzt hört man aus den Karnevalshochburgen, eine Absage der nächsten Karnevalssaison sei absolut undenkbar. Der Karneval werde auf jeden Fall stattfinden – trotz Corona. Der Karneval sei gesellschaftlich sehr wichtig, heißt es ebenfalls. Aber selbstverständlich ist der Karneval gesellschaftlich wichtig, ebenso wie Katzenvideos, Softeis oder Nagellack. Leben, Gesundheit und seine Miete zahlen zu können, wird eindeutig überschätzt. Und wieder fordern wir der Realität ab, sich gefälligst nach unserem Terminkalender zu richten. Wie man angesichts der Probleme, die viele Menschen derzeit ertragen müssen, die Forderung nach der nächsten Corona-Party öffentlich äußern kann, ist schon beinahe menschenverachtend. Vor allem vor dem Hintergrund, dass ein Großteil der aktuellen Problematik durch eben genau dieses Ereignis ausgelöst wurde. Aber vielleicht sollte man von Narren auch einfach nicht zu viel erwarten.

Der eben erwähnte Bericht der Deutschen Welle erklärt übrigens auch, dass durchaus Menschen aus anderen europäischen Ländern, aus den USA und Asien zum Besuch des Karnevals nach Deutschland kommen. Auch eine nicht ganz unwesentliche Überlegung, die aus dem Statistik-Fundus der Verantwortlichen wohl nicht hervorging. Es ist schon vertrackt mit diesen Statistiken – so ganz ohne gesunden Menschenverstand.

Dabei darf man nicht vergessen, dass wir verglichen mit

anderen, besser geübten Nationen – beispielsweise in Asien – sehr lasche Einreisekontrollen hatten. Während in einigen Ländern, die bereits häufiger vor dieser Problematik standen, zumindest oberflächliche Tests an Flughäfen vorgenommen wurden, begnügten wir uns mit der Idee, einreisende Infizierte würden schon selbstständig auf die zur Verfügung gestellten Informationen stoßen und sich nach diesen verhalten. Angemessen? Das wirft dann die Frage auf, weshalb – wenn wir so auf die Vernunft des Einzelnen vertrauen – wir bezüglich der Einkommenssteuer und der Sozialversicherungsbeiträge nicht ebenso verfahren. Schließlich könnte jeder seinen Beitrags- und Steuerbetrag selbst anhand der öffentlich einsehbaren Informationsquellen berechnen und den entsprechenden Betrag beispielsweise ans Finanzamt überweisen. Das würde auch viel Aufwand sparen. Nun, so weit reicht das Vertrauen scheinbar doch nicht. Aber warum dann bei einer Angelegenheit, die die Sicherheit und die Wirtschaft einer ganzen Nation betrifft? Fragen über Fragen.

Die Logik hinter den nachlässigen oder zumeist gar nicht erst vorgenommenen Einreisekontrollen und -maßnahmen lautete, man könne sehr viele Fälle selbst durch eine Kontrolle nicht identifizieren, daher sei dies nutzlos. Andere Länder, andere Logik: Dort, wo solche Maßnahmen ergriffen wurden, wurde vielfach mit dem Grundgedanken argumentiert, selbst wenn nur wenige Einzelfälle auf diese Weise identifiziert werden könnten, so würde dies dennoch eine Vielzahl von Infektionen verhindern und ebenso die Gesundheitsbehörden stark entlasten. Denn die Ermittlung jeder einzelnen Infektionskette sei ein enormer Aufwand, bei dem auch viel schiefgehen könne. Klingt irgendwie überzeugend.

Die — wie Sie merken — äußerst ergiebige Folge 14 des „Coronavirusupdate" fördert noch eine böse Erkenntnis zu Tage. Prof. Drosten wird auf Vorwürfe angesprochen, Deutschland habe zu langsam reagiert, die aktuelle Situation entspräche schließlich sehr einem Szenario, das in einem „Pandemieplan" von 2012 beschrieben sei. Prof. Drosten antwortet, er kenne natürlich den Pandemieplan, das Papier von 2012 jedoch nicht. Er glaube aber nicht, dass zu langsam gehandelt worden sei. Der „Münchener Ausbruch" sei kontrolliert gewesen und das „Münchner Virus" sei auch bis dahin nicht wieder aufgetaucht.

Damit war das Papier von 2012 in diesem Interview von Tisch. Schade eigentlich. Klingt so, als könnte es sich lohnen, dieser Sache einmal auf den Grund zu gehen.

Korrekterweise handelt es sich bei dem angesprochenen Papier um ein Szenario im Rahmen des Berichtes zur Risikoanalyse im Bevölkerungsschutz 2012, nachlesbar in der Drucksache 17/12051 vom 03.01.2013 des Deutschen Bundestages. Und in der Tat wird hier ein Szenario beschrieben, das unglaublich viele Ähnlichkeiten zur aktuellen Corona-Situation zeigt. Ausbruch in Asien, Verbreitung über Märkte, Inkubationszeit zwischen zwei und vierzehn Tagen und vieles mehr. Name: „Modi-SARS". Es wird ein dem SARS-Virus nahezu identisches Virus unterstellt, entsprechend ist der Erreger aus diesem Szenario wesentlich tödlicher als unser reales Corona-Virus. Beschrieben werden drei

Infektionswellen, von denen die erste die schlimmste darstellt. In diesem Szenario erkranken allein während dieser ersten Welle 29 Millionen Deutsche. Über einen Zeitraum von 3 Jahren während aller drei Wellen zusammen beklagt Deutschland 7,5 Millionen Todesopfer. Gott sei Dank trat dieses Szenario bei Corona nicht ein, was aber nicht unser Verdienst, sondern lediglich der geringeren Gefährlichkeit der eingetretenen Corona-Pandemie geschuldet ist. Nun aber zum Wesentlichen.

Die erste Infektionswelle in diesem Szenario geht ursächlich auf lediglich zehn Infizierte zurück, davon insbesondere zwei Personen mit sehr vielen Kontakten. In dem Szenario sind Patienten erst ab dem Auftreten erster Symptome infektiös. Dieser Simulation ist also zu entnehmen, dass bereits wenige unerkannte Fälle geeignet sind, eine fürchterliche Infektionskette in Gang zu setzen, wenn entsprechend viele Kontakte zustande kommen. Und wir wussten bereits recht sicher, dass in unserer realen Situation Träger des Virus nicht zwangsläufig durch Symptome auffallen mussten.

Als äußerst wichtige Maßnahmen zur Eindämmung der Infektion werden unter anderem Schulschließungen und die Absage von Großveranstaltungen im Bericht genannt. Die Maßnahmen werden im Beispiel erst ergriffen, nachdem bereits zehn Personen an der Infektion verstorben sind. Allerdings: In diesem Fallbeispiel erhält Deutschland die erste offizielle Warnung der WHO erst, *nachdem* das Virus bereits eingereist ist.

Als in der Realität die erste Stufe des deutschen Lockdowns verkündet wurde, waren bereits 12 Personen an COVID-19 verstorben. Also zwei mehr als im Szenario der Drucksache. Trotz wochenlanger Vorwarnzeit und haufenweise Warnungen durch die WHO. Mit anderen Worten: Der gesamte Zeitbonus, den wir gegenüber dem theoretischen Szenario hatten, war komplett verspielt worden, obwohl dieser warnende Bericht schon seit 7 Jahren vorlag.

Die Konsequenzen lagen auf der Hand. Das Virus hatte sich über die gesamte Republik verteilt, sämtliche Infektionsketten nachzuvollziehen war aufgrund der schieren Vielzahl kaum noch denkbar. Man war also darauf angewiesen, durch einen relativ langen Zeitraum von Kontaktbeschränkungen die Lage zu beruhigen, um das Virus auf diese Weise praktisch „auszuhungern". Der wirtschaftliche Druck wuchs mit jedem Tag der Beschränkungen, der Rückhalt in der Bevölkerung sank. Eine explosive Mischung – Ausgang nach wie vor ungewiss. Wir waren auf einem breiten, komfortablen Weg gestartet und hatten es fertiggebracht, daraus ein Drahtseil zu machen, auf dem jeder Fehler zum Absturz führt.

Politik und Vorbildfunktion

Angesichts dieser Lage wäre das Mindeste, was man erwarten könnte, dass unsere Verantwortlichen mit einem guten Vorbild vorangehen. Was Sachkundigkeit angeht, mindestens aber genauso durch ihr eigenes Verhalten und zumindest ein gewisses Mindestmaß an Empathie. Wie sich viele unserer führenden Politiker jedoch tatsächlich in diesen Zeiten selbst verhielten, war an Dummheit, Dekadenz und Arroganz nicht zu überbieten. Wer in einer solchen Krise, in der den Menschen massive Einschränkungen abverlangt und Strafen für Zuwiderhandlungen auferlegt werden, selbst gegen alle Auflagen verstößt, der sollte sich nicht wundern, wenn das Verständnis für diese Auflagen in der Bevölkerung mit jedem Tag geringer wird. Oma Erna wurde also bei Strafandrohung abverlangt, sich korrekt und diszipliniert zu verhalten, was läge da näher, als sich ein Beispiel an denen zu nehmen, die die Maßnahmen immerhin beschlossen hatten. Denn wer sich im Rahmen seiner Verantwortung gewissenhaft mit diesem Thema auseinandergesetzt hatte, der müsste schließlich das beste Beispiel abgeben. Doch unsere Politiker hatten sich überhaupt nicht damit befasst oder sie waren der Meinung, diese Maßnahmen seien nur für das einfache Fußvolk verbindlich, keinesfalls jedoch für Angehörige der politischen Elite. Dass ein Minister in der frühen Eingewöhnungsphase dem anderen die Hand reichen will und sich dabei eine Abfuhr einhandelt, mag noch der kleinste Fehltritt und der guten Kinderstube geschuldet sein. Was aber danach kam, spottete teilweise jeder Beschreibung.

Wenn sich der Gesundheitsminister persönlich unter vollkommener Verachtung aller Abstandsregeln in einem überfüllten Aufzug drängelt, lässt das die Frage aufkommen, wie ernst er die Angelegenheit tatsächlich nahm. Deutlicher kann man mangelnde Ernsthaftigkeit kaum an den Tag legen.

Doch er war in bester Gesellschaft. Im Rahmen eines Pressetermins der Bundesverteidigungsministerin am 27.04. wurde abstands- und maskenfrei herumgedrängelt, die Ministerin und ihre Mitarbeiter mittendrin. Passenderweise handelte es sich um einen Pressetermin anlässlich des Eintreffens einer Riesenladung von Schutzmasken aus China. Netz und Medien bezeichneten diese Veranstaltung sehr treffend als „Corona-Party". Wieder wurde klar: Vorschriften sind das, was für die Anderen gilt. Diese Ignoranz jedoch im Rahmen eines eigens anberaumten Pressetermins der gesamten Weltöffentlichkeit zur Schau zu stellen, beweist nicht nur eine mangelnde Befähigung, politische Verantwortung zu tragen, mehr noch, es weckt in der Tat schon Zweifel an der Zurechnungsfähigkeit aller Beteiligten.

Wer in diesen Tagen genau hinhörte, der verstand schnell, auf welcher Denkweise diese Fahrlässigkeit beruhte. In einem Interview äußerte so beispielsweise der nordrhein-westfälische Ministerpräsident Laschet nach den ersten Lockerungs-Beschlüssen, man werde sich weiter besprechen, um zu entscheiden, wie weitere Lockerungen realisiert werden könnten. Wie, nicht ob. Denn das wäre richtigerweise die erste Frage gewesen. Nicht einmal ansatzweise war absehbar, wie sich die bisherigen Lockerungen auswirken würden, da traten einige also schon wieder mächtig aufs Gaspedal. Es konnte einfach nicht schnell genug gehen. Laschet hatte bereits dadurch Furore gemacht, dass ein Foto in Presse und Internet kursierte, auf dem er seine Schutzmaske so trug, dass diese nur den Mund, nicht aber die Nase bedeckte. Nun sei zu seiner Verteidigung gesagt, dass die meisten Menschen im Gegensatz zu beispielsweise einem Elefanten ihre eigene Nase ohne Spiegel nicht sehen können. Vielleicht wurde sie deshalb einfach einzupacken vergessen. In einer Fernsehsendung („Anne Will" vom 26.04.2020, „Das Erste") monierte er weiterhin, die Virologen würden ständig die Bedingungen, ihre Meinungen und die maßgeblichen Faktoren ändern und bewies damit, dass er selbst nach über einem Monat Lockdown noch nicht ansatzweise verstanden hatte, worum es ging – und erhielt dafür wohlwollendes Mitnicken von FDP-Chef Christian Lindner. Er bezog sich dabei auf die verschiedenen Bezugsgrößen wie Verdopplungszahl und R-Wert, weil er offenbar nicht verstand, dass in unterschiedlichen Phasen unterschiedliche Parameter bedeutsam sind, um das Geschehen aussagekräftig abzubilden. Wir merken – hier ist jemand eindeutig überfordert. Damit ist er nicht alleine – ein großer Teil der Bevölkerung hat schlicht keine Lust auf eine Debatte, die komplizierter ist als das Zusammenzählen von eins und eins. Jedoch allein die Art und Weise, in der er argumentierte, ließ erkennen, dass er von der Dauer der Problematik genervt war und dieses Problem einfach nicht mehr wahrhaben wollte. Doch Probleme muss man lösen, um sie zu beseitigen. Laschet zeigte sich als ein Bilderbuchbeispiel für einen Politiker, zu dessen Selbstverständnis es gehört, Widerstände gegen die eigene Position einfach durch Ignorieren und Aussitzen zu beseitigen. Das funktioniert auch oft gegenüber Reportern und politischen Gegnern – ein Virus lässt sich davon jedoch nicht beeindrucken, es ist ein beharrlicher Gegner.

Kein Wunder also, dass man unter anderem in NRW, das bereits zu Karnevalszeiten nicht verstanden hatte, woher der Wind weht, genauso aber auch andernorts, aus allen Wolken fiel, als Corona-Hotspots in Schlachthöfen auftauchten. Jeder einfache Mitarbeiter in dieser Branche weiß, wie die Zustände insbesondere für die Werkvertrags-Arbeiter aus dem Ausland teilweise aussehen. Dann verlauten zu lassen, es handele sich um Mitarbeiter, die nah beieinander wohnten, erscheint als der Gipfel der Unverfrorenheit. Ohne Kenntnis der genauen Umstände dieser Fälle, so erinnern wir uns jedoch an reichlich Beispiele aus der Vergangenheit, in denen ausländische Billiglohnarbeiter in grenzwertigen Unterkünften in großer Zahl und auf engem Raum untergebracht wurden. Teilweise in Bruchbuden, in denen Zimmerbelegungen von 6 Personen keine Besonderheit waren und die kaum den mindesten Anforderungen der Menschenwürde gerecht wurden. Können solche Dinge immer wieder unentdeckt bleiben? Wohl kaum. Da aber auf diese Weise unser Bedarf an Billigfleisch und höchstmögliche Erträge für die Unternehmen sichergestellt werden, sehen Ämter und Behörden in ganz Deutschland seit Jahren darüber hinweg. Mit Pseudoprüfungen werden hier regelmäßig Aktenlagen geschaffen, die den Anschein von Korrektheit wahren sollen – auch was die vereinbarten Löhne angeht. Doch was nutzt es, die Lohnabrechnung zu kontrollieren, wenn die Mitarbeiter vor Ort beispielsweise zur

Ableistung unbezahlter Überstunden in großer Zahl gezwungen werden? Natürlich beschweren sich diese Menschen nicht, da sie froh sind, überhaupt dort arbeiten zu dürfen. Und so bleibt es dabei, wo kein Kläger, da kein Richter – und die Behörden verschließen die Augen vor der Realität, denn niemand ist scharf darauf, diese Debatte schon wieder auf den Plan zu bringen. Immerhin die Wohnsituation wird durch Corona wieder in die öffentliche Wahrnehmung zurückgebracht. Nun konnte dieses Thema nicht mehr in altgewohnter Manier ausgesessen und abgewartet werden, bis kein Reporter mehr danach fragt, um es dann wieder unbearbeitet in die Schublade zu werfen. Und von jetzt auf gleich wird getestet, was das Zeug hält, um Verantwortung zu demonstrieren. Die Wahrheit ist: Hätte man hier seine Hausaufgaben vor Corona gemacht, wie es hundertfach versprochen worden war, wäre dieses Problem in dieser Form überhaupt nie aufgetreten.

Dafür glänzte NRW bei der Versorgung von Kitas mit Schutzmasken. Anfang Juni berichten nahezu sämtliche Medien über die Lieferung von dreiteiligen „Bastelmasken-Sets", die das Land angeblich an Kitas verteilen ließ. Zusammenbasteln sollten die Empfänger diese Superbilligvariante selbst. Aus Soest wurde dem Vernehmen nach besonders böse geschimpft, weil die Lieferung zu allem Überfluss in einem Müllsack erfolgt sein soll. Bei dieser Nachricht fallen mir direkt die Bilder aus einer philippinischen Klinik ein, in der sich das Personal Schutzkleidung direkt aus Müllsäcken bastelte, weil keine entsprechende Ausrüstung zu bekommen war. Immerhin: Anfang Juni 2020 melden die

Philippinen mit über 105 Mio. Einwohnern deutlich weniger Infektions- und Todesfälle als NRW. Am Material scheint es möglicherweise also nicht zu scheitern.

Eine der in ihrer Wirkung eher unbedeutenden, aber am meisten Lärm verursachenden Stilblüten verdanken wir dem Grünenpolitiker und Oberbürgermeister von Tübingen, Boris Palmer, der sich die Feststellung erlaubte, wir retteten „in Deutschland möglicherweise Menschen, die in einem halben Jahr sowieso tot wären." Das sorgte natürlich für Schlagzeilen und plötzlich wusste die ganze Republik, wer Oberbürgermeister von Tübingen ist. Später entschuldigte er sich für diese Aussage und war bemüht, diese in den von ihm beabsichtigten Kontext einzuordnen. Sein Ansinnen, über den Tellerrand hinauszuschauen und auch das Elend derer zu thematisieren, die tatsächlich wesentlich mehr leiden als die deutsche Bevölkerung, erwies sich als Schuss, der gewaltig nach hinten losging. Eine solche Aussage in dieser Form ist natürlich ein No-Go, insbesondere, wenn sie als derart abwertend bezüglich des Lebens älterer Menschen verstanden werden muss. Wir wollen nicht vergessen, dass diejenigen, die heute über 80 Jahre alt sind, genau diejenigen sind, die mit ihrer Hände Arbeit und unter oftmals wesentlich größeren Entbehrungen, als sie uns der Lockdown abverlangte, dieses Land nach dem zweiten Weltkrieg wieder aufgebaut und damit den Grundstein für unseren heutigen Wohlstand gelegt haben. Tatsächlich sprach Palmer aber wohl nur aus, was in den Köpfen vieler Lockdown-Gegner vorging, die froh waren, dass jemand anders die Dummheit beging, laut zu sagen, was sie lediglich dachten. Besonders schade jedoch, dass der gute

Grundgedanke, in dieser Krise nicht nur sich selbst wichtig zu nehmen, sondern auch dorthin zu schauen, wo das Elend wesentlich größer ist als bei uns, dabei komplett unterging. Es scheint, dass unsere gesamte Gesellschaft an einem kollektiven Aufmerksamkeits-Defizit-Syndrom leidet, wenn sie nicht einmal imstande ist, zwei verschiedene Aussagen derselben Äußerung differenziert zu betrachten, die Medien taten wie gewöhnlich ihr Übriges dazu. Ja, Palmers Aussage war in ihrer Form menschenverachtend bezüglich unserer Corona-Opfer, jedoch durchaus erwähnenswert im Hinblick auf die Situation anderswo auf der Welt, die den meisten seiner Politikerkollegen herzlich egal war. Ein indisches Kind ist eben keine potentielle Wählerstimme. Doch auch Palmer zog die falschen Konsequenzen aus seiner Sorge um die Ärmsten der Armen. Denn wir können anderen nur dann eine Hilfe sein, wenn wir selbst stark genug bleiben, um zu helfen. Die schnellstmögliche Rückkehr zu einer weitreichenden, wirklichen Normalität wäre der richtige Schluss gewesen, dafür jedoch ist die Idee, den zweiten Schritt vor dem ersten zu machen, nicht hilfreich. Der Grundgedanke, der ihn zu seiner Aussage motivierte, war also grundsätzlich kein schlechter, nur leider zog er erstens vollkommen falsche Schlüsse daraus und schoss sich zweitens selbst aus der Debatte, indem er den denkbar ungeeignetsten Weg wählte, seine Idee zu kommunizieren. Sein Hinweis auf den Egoismus unserer Gesellschaft sollte jedoch nicht in Vergessenheit geraten. Man müsste es jedoch anders herum betrachten: Wenn wir über die Mittel verfügen, die uns ermöglichen, für die Verlängerung eines Lebens um einen Monat bis zu 20.000 Euro zu investieren, warum bleiben wir dann so untätig, wenn anderswo auf der Welt Kinder sterben, deren Überleben für 20 Euro hätte gesichert werden können? Darüber darf man tatsächlich ab und zu einmal nachdenken. Aber wir haben mal wieder andere Sorgen. Während viele Menschen hierzulande in Not geraten sind und in Indien, Brasilien und Bangladesch das große Sterben beginnt, gehen ausgerechnet viele derjenigen in unserem Land, die ihren Job nicht verloren haben, auf die Barrikaden, weil sie endlich wieder zum Frisör wollen oder sich Sorgen machen, einmal im Leben ihren Strandurlaub zu verpassen. Dekadenz für Fortgeschrittene.

Das waren nur einige Beispiele von vielen. Zusammenfassend kann man sagen, unsere Politiker scherten sich mit wenigen Ausnahmen wie Merkel, Söder oder Lauterbach wenig um die Krise selbst, sondern viel mehr um ihre Imagepflege und Lobbyistenkontakte. Und selbst das, was vielleicht gut gemeint war, war nicht immer auch im Ergebnis gut. Es ist ein trauriges Bild, was wir in den letzten Jahren am Beispiel der Kanzlerin erkennen können: Je mehr ihre Entscheidungen durch den gesunden Menschenverstand und Menschlichkeit geprägt waren, desto mehr Gegenwind erntete sie. Beinahe könnte sie einem vorkommen wie der Torwart einer grottenschlechten Fußballmannschaft, der permanent darauf bedacht sein muss, die Schnitzer seiner Vorderleute auszubügeln. Klingt nach einem anstrengenden und undankbaren Job.

Die Wirtschaft – der Motor unseres Wohlstands

Selbstverständlich hat die Pandemie gravierende Auswirkungen auf unsere Wirtschaft. Ganze Branchen lagen auf Eis, in vielen Bereichen senkten die Einschränkungen die Umsätze auf ein Minimum und für viele Produkte und Dienstleistungen brach aufgrund der Gesamtlage die Nachfrage ein. Vielen kleinen und großen Unternehmen geht es schlecht, viele stehen am Abgrund. Doch was steht überhaupt ganz allgemein betrachtet hinter dem Begriff „Wirtschaft"? Wir werden um die Erkenntnis nicht umhin kommen, dass unsere Wirtschaft nicht nur der Motor unseres Wohlstands ist. Sie birgt auch ein enormes Gefahrenpotential, das wir in unserem Alltag jedoch kaum noch wahrnehmen. Insbesondere an den Börsen ist die Wirtschaft ein äußerst fragiles Traumschloss geworden, das mehr aus Erwartungen, Hoffnungen und Emotionen gebaut ist als aus tatsächlichen Werten. Eine Aktie fällt nicht zwangsläufig aufgrund einer schlechten Unternehmensbilanz, sie kann dadurch sogar steigen. Beispielsweise, wenn die Investoren eine schlechtere Bilanz erwartet hatten und die ausgebliebene Katastrophe wieder neue Hoffnung macht. Vorher hat die pessimistische Erwartungshaltung den Kurs der Aktie weit unter den Unternehmenswert gedrückt, plötzlich hebt die neue Fantasie den Kurs weit über den Wert hinaus. Es gibt Unternehmen, die einen Millionen- oder sogar Milliarden-Börsenwert erzielt haben, ohne jemals irgendetwas anderes als Schulden erwirtschaftet zu haben. Das ist irrational, aber Realität. Beim kleinen Unternehmer, der von jetzt auf gleich keine Aufträge mehr erhält, ist die Wahrnehmung der Krise wesentlich realer.

Neben der Pandemie ereilt uns auch noch die wirtschaftliche Katastrophe. Und das liegt zu guten Teilen daran, dass wir so immenses Vertrauen darin setzen, dass alles für immer so weitergehen wird, wie wir es aus der Vergangenheit kennen. In diesem Vertrauen finanzieren wir Autos und Häuser, planen, investieren und hoffen auf das Beste. Tritt das Beste nicht ein – schade, dann sind wir pleite. Während das alte Sprichwort noch sagt: „Spare, spare, Häusle baue", haben wir daraus längst gemacht: „Häusle baue, Raten zahle", oder wie auch immer das in korrektem Schwäbisch heißen mag. Die Hoffnung von gestern wird zur Hypothek von morgen – wird diese Hoffnung enttäuscht, sind wir ziemlich schnell weg vom Fenster. Und das betrifft den Normalbürger genauso wie den Multikonzern. Gerät die Wirtschaft ins Stocken, überrollen uns die Verbindlichkeiten, die wir im Vertrauen auf morgen eingegangen sind und wir gehen in Schulden unter. Der Motor, der den Karren unseres Wohlstands gezogen hat, schiebt uns plötzlich über den Abgrund. Auf der einen Seite die von der Pandemie ausgehende Gefahr für Leib und Leben, auf der anderen Seite eine nicht besser aussehende Konsequenz durch den Zusammenbruch unserer Wirtschaft. Und noch immer weigern wir uns anzuerkennen, dass unser Wirtschaftssystem eine Eigendynamik entwickelt hat, über die wir längst die Kontrolle verloren haben.

Mir fällt dabei spontan eine Szene aus dem Film „Instinct" mit Anthony Hopkins und Cuba Gooding Jr. ein. Anthony Hopkins spielt Dr. Powell, einen Insassen einer Strafanstalt für psychisch kranke Straftäter, Cuba Gooding Jr. soll in Person des Psychologen Dr. Caulder ein Gutachten über ihn erstellen.

Während einer Sitzung überwältigt Powell den Psychiater und stellt ihm eine Testfrage, während er ihn im Würgegriff hält und ihm androht, er müsse sterben, sollte er die Aufgabe nicht lösen. Die Frage lautet: „Was habe ich Ihnen genommen?" Caulder schreibt auf ein Blatt Papier, er sei der Kontrolle beraubt worden. Powell lässt ihm diese Antwort nicht durchgehen, die Kontrolle habe er zu keiner Zeit gehabt. Seine Freiheit, lautet Caulders zweiter Versuch. Powell erinnert ihn daraufhin daran, dass er zu jeder Zeit von den Erwartungen anderer getrieben und niemals wirklich frei gewesen sei. Mit seinem letzten Versuch erkennt Caulder, was ihm genommen wurde: Seine Illusionen.

Unsere Illusion, morgen immer noch mehr zu haben als gestern oder heute, löst sich in Luft auf und wir landen auf dem harten Boden der Tatsachen. Wir haben es eben so gelernt und tänzelten auf dem Drahtseil der Wirtschaft ohne Netz und doppelten Boden. Was ziemlich egal ist, solange man das Gleichgewicht behält. Auf dem direkten Weg nach unten schaut das schon ganz anders aus.

Und schon tritt unsere Automobilindustrie auf den Plan, die sich gerade unlängst durch den langjährigen Betrug bei Abgaswerten zuerst eine goldene Nase verdiente und dann aus dem „Erwischtwerden" durch Umtauschprämien auch noch einen großen Marketing-Gag zum Absatz von Neuwagen machte und schreit bereits wieder nach staatlicher Hilfe in Form von Kaufprämien. Nicht, dass es der Autoindustrie wirklich schlecht ginge. Der Gewinn fällt eben nicht mehr so aus, wie man ihn sich wünscht. Und deshalb werden staatliche

Prämien gefordert, um das Geschäft wieder mehr zu beleben. Die Haltungskosten für 17-Meter-Yachten sind eben immens. Und Dividenden von Großinvestoren zu kürzen, das würde das Vertrauen nachhaltig beschädigen, das kommt nicht in Frage. Die Dividende ist schließlich auch nicht ganz unwesentlich, wenn es um die Berechnung von Managerboni geht. Schnell ist die rettende Idee gefunden: Der Staat soll die Autos bezahlen, jedenfalls zum Teil. Nun, man könnte auch sagen, der Steuerzahler soll es zahlen. Und so betrachtet beteiligt sich eben auch der Fahrer eines 18 Jahre alten, japanischen Gebrauchtwagens irgendwie am Neuwagenkauf seines wohlhabenderen Nachbarn. Ob er den Wagen dann ab und zu mal sonntags ausleihen darf, erscheint dennoch eher unwahrscheinlich. Gute Argumente gibt es natürlich, schließlich ist die Automobilindustrie äußerst wichtig für unsere Wirtschaft. Immerhin arbeitet dort fast eine Million Menschen in Deutschland. Das klingt doch sehr positiv. Man könnte aber auch sagen, die Automobilindustrie wird nicht müde, jedes Mal aufs Neue einen Sonderstatus einzufordern und wirklich niemand schämt sich, die Arbeitnehmer dafür in eine wirtschaftliche Geiselhaft zu nehmen. Und während andere Branchen am Hungertuch nagen, diktiert die Automobilindustrie nur zu gern dem Staat – und damit letztlich dem Steuerzahler – welche Gewinne sie gern hätte und lässt sich diese von der Allgemeinheit zur Verfügung stellen. Ein guter Teil dieser Zuwendungen fließt dann über einen kurzen Umweg durch das Unternehmen in Form von schwindelerregenden Gehältern und Boni auf die Privatkonten von Top-Verdienern. Eine komfortable Position. Zumindest für Verbrennungsmotoren soll es keine Zuschüsse geben, alles andere hätte wohl auch bedeutet, den Teufel mit dem Beelzebub austreiben zu wollen. Aber im Grunde bedeutet es das sowieso.

Zusammenfassung

COVID-19 ist und bleibt eine ernste Erkrankung, die sich rasend schnell verbreiten und bei einer durchaus nennenswerten Zahl von Menschen zum Tode oder zu Folgeschäden führen kann, von denen wir noch lange nicht genug wissen, um dieses Risiko einschätzen zu können. Mit sehr einfachen Mitteln – richtig und flächendeckend angewendet – können wir einen starken Schutz erreichen, ohne dabei einen Lockdown-Zustand zu benötigen. Das A und O sind Disziplin und Ausdauer und das Vermeiden von Fahrlässigkeit. Sobald uns eine Impfung zur Verfügung steht, werden dieser Ausnahmezustand und die Bedrohung durch das Virus beinahe lautlos verschwinden, als sei alles ein böser Traum gewesen. Doch bis dahin ist noch ein langer und äußerst gefährlicher Weg.

Der Lockdown war nötig, besser wäre es sogar noch gewesen, er wäre härter und früher gekommen, dann hätte er möglicherweise wesentlich kürzer ausfallen können. So wie er durchgeführt wurde, wäre es jedoch besser gewesen, wir hätten noch zwei oder drei Wochen daran festgehalten, um in eine weitergehende Normalität mit weniger Restriktionen und geringerem Restrisiko zurückkehren zu können. Dass der Lockdown in dieser Form jedoch notwendig wurde, mit allen Schäden, die damit einhergingen, war keine unvermeidliche Selbstverständlichkeit, sondern die Konsequenz der vorhergegangenen Untätigkeit. Es waren diejenigen, die sich strikt weigerten, die Realität zu akzeptieren und entsprechend zu handeln, die die Schuld daran tragen. Diejenigen, die immer erst die Katastrophe vor der eigenen Tür sehen müssen, um daran zu glauben und die diese Denkweise nie ändern. Deshalb blieben wir untätig, deshalb benötigten wir den Lockdown, deshalb kehrten wir zu früh zu einer angeblichen Normalität zurück, die ebenfalls deshalb so fragil ist, wie sie es eben ist. Die Antreiber dieser Krise waren praktisch immer dieselben. Diejenigen, die Lösungen im Wege standen, waren ebenfalls immer dieselben. Diejenigen, die endlose Debatten über all das führten, was wir *nicht* wussten, damit die Menschen verunsicherten und dazu rieten, möglichst gar nichts zu tun. Mit dem, was wir nicht wussten und bis heute nicht wissen, könnte man Bücher füllen. Das ist der falsche Fokus. Richtig wäre es gewesen, aus dem Wenigen, das wir wussten, schnelle, konsequente und wirksame Lösungen zu extrahieren und diese ohne Zögern umzusetzen. Hier wurde – insbesondere in der Frühphase – vollständig versagt.

Es ist auch nicht so, als hätte unser Gesundheitsminister absolut alles falsch gemacht – er ähnelt vielmehr einem Fußballer, der mit seiner Mannschaft ein Endspiel mit 1:2 verloren und dabei drei Tore erzielt hat. Eine tragische Figur eben.

Diese Erkenntnisse würden an sich genügen, um die Krise zu Ende zu bringen, ohne weiteren Kollateralschaden zu riskieren, wenn wir klug und konsequent handeln. Es sind wenige Maßnahmen, die wir berücksichtigen müssen – nur nachlässig werden, das dürfen wir nicht mehr. Ob das funktionieren wird, liegt ganz an uns. Ein Selbstläufer – wie es viele denken – wird es jedoch ganz sicher nicht werden.

Die Todesfälle, die wirtschaftlichen Schäden, die Notsituationen der betroffenen Menschen, all das sind Dinge, die wir nicht rückgängig machen können. Ob wir daraus lernen, die Verantwortung hierfür aufarbeiten und gestärkt aus dieser Krise hervorgehen werden, das liegt ebenfalls an uns selbst.

Wir haben klare Erkenntnisse, die wir konsequent und erfolgreich anwenden können. Wenn wir nun aber belehrungsresistenten Politikern und einigen experimentierwütigen Virologen, die aus Futterneid auf die Popularität von Kollegen abstruse Theorien an der Bevölkerung ausprobieren möchten, erlauben, wieder in einer Art und Weise mit Pseudomaßnahmen zu hantieren, wie man normalerweise Schiffe versenken spielt, dann sind wir letztlich selbst schuld an den Konsequenzen.

Und schließlich müssen wir uns der Frage stellen, wie unsere Entscheidung ausfallen muss, wenn wir mit der Wahl zwischen wirtschaftlichen Schäden und Menschenleben konfrontiert werden und inwiefern wir hier der Würde des Menschen wirklich noch gerecht werden. Als ich klein war, erzählten wir uns oft Fritzchen-Witze. In einem dieser Witze war Fritzchens Wellensittich gestorben und der Kleine weint ohne Unterlass. Irgendwann bemerkt seine Mutter: „Als Deine Oma gestorben ist, hast du aber nicht so viel geweint." Fritzchen schluchzt: „Ja, aber die hab ich ja auch nicht von meinem Taschengeld gekauft."

Waren wir erfolgreich?

Die Antwort ist ein ganz klares Nein. Selbst wenn die Katastrophe bisher Länder wie Italien, Spanien, Großbritannien oder die USA mit viel schlimmerer Wucht getroffen hat als Deutschland, mit einer derartigen Vorwarnzeit bei einer Bevölkerung von rund 83 Millionen Einwohnern – Stand Juni 2020 – mehr als doppelt so viele Infektionsfälle zu verzeichnen wie das 1,4 Milliarden Menschen fassende China und ein Vielfaches der Infizierten- und Sterbefallzahlen von Südkorea und Japan zusammen zu verbuchen – nein, das ist kein Erfolg, das ist eine Katastrophe.

Und es ist noch etwas, nämlich der Beweis, dass da sehr viel Luft nach oben gewesen wäre, wenn die vorhandene Vorbereitungszeit gewissenhaft genutzt worden wäre. Dafür hätte es genügt, sich zuallererst einmal ein Beispiel an denen zu nehmen, die mehr Erfahrung hatten. Das erschien uns offenbar zu albern, wir lernten lieber aus Erfahrung. Ein schwerer Fehler. Immer noch gilt: Besser eine fremde Idee gut kopiert, als eine schlechte selbst entworfen. Sich dann mit dem noch größeren Missmanagement anderer herauszureden, das ist wohl hoffentlich nicht unser Anspruch. In diesen Zeiten immer einen noch größeren Trumpel zu finden, ist wirklich keine Kunst.

Vielleicht fragen Sie sich: „Wenn das alles so offensichtlich ist, warum sehen es dann so viele nicht?"

Nun, dieses Phänomen ist wirklich beeindruckend, aber nicht

ganz neu. Tatsächlich findet es bereits in der Bibel Erwähnung:

*„Menschensohn, du wohnst mitten unter einem
widerspenstigen Volk, das Augen hat, um zu sehen, und doch
nicht sieht, das Ohren hat, um zu hören, und doch nicht hört;
denn sie sind ein widerspenstiges Volk."*
Ezechiel 12, 2

Der Grund dafür liegt einerseits in unserem schlechten Gedächtnis. Gerade in unserer modernen Realität werden wir mit einer derartigen Fülle von Informationen zugeschüttet, dass es schlicht nicht möglich ist, sich an alles chronologisch korrekt zu erinnern. Und zweitens haben wir meist weder Zeit noch Lust, alles nochmals zu rekapitulieren und zu überprüfen, besonders bei unerfreulichen Themen. Zu leicht blenden wir alles aus, was nicht direkt der Bewältigung unseres Alltags dient, es sei denn, es handelt sich um so wichtige Dinge wie Spiele-Apps. So ist es ein Leichtes, uns im Nachhinein eine falsche Geschichte zu verkaufen, obwohl wir selbst dabei waren. Oft übernehmen wir dann diese Darstellung in unser Gedächtnis und ersetzen damit die reale Erinnerung. Dabei handelt es sich um ein durchaus erforschtes, psychologisches Phänomen, dessen Verwendung schon lange zum Standard-Repertoire von Verkäufern, Politikern und Populisten gehört. Wir denken oft nicht mehr selbstständig, sondern lassen uns Gedanken eingeben, die wir uns dann zu Eigen machen. Es ist einfach geworden, uns zu in die Irre zu führen. Überspitzt gesagt: Wenn Sie eine Schubkarre rot lackieren und „Ferrari" darauf schreiben, ist es nur eine Frage der Zeit, bis sie jemand klaut und damit auf die Autobahn fährt.

Vielleicht wird mancher nun denken: „Warum ist uns so vieles davon in der Berichterstattung entgangen?" Nun, Nachrichtensendungen sind zeitlich begrenzt und „Kein Hund beißt keinen Briefträger" ist eben keine Schlagzeile. So lieferten uns die Medien in erster Linie Berichte von den aktuellen Brennpunkten. Wir wandten unsere Aufmerksamkeit schlichtweg von Ländern ab, die die Krise besser beherrschten und schauten uns die Lage in Italien, Spanien, den USA und Großbritannien an. Länder, die allesamt dieselben Fehler machten und bei weitem nicht über ein so gutes soziales Grundgerüst und eine so flächendeckend gute Gesundheitsversorgung verfügen wie Deutschland. Und da wir uns permanent mit den Ländern beschäftigten, in denen alles noch schlechter lief als bei uns, gewöhnten wir uns die Wahrnehmung an, unser Krisenmanagement sei gut gewesen. In Wirklichkeit waren wir bisher nicht mehr als der sprichwörtliche „Einäugige unter den Blinden".

Die Lage wurde zerredet, verkompliziert und auf diese Weise intransparent gemacht. Doch wenn wir aus heutiger Sicht unsere Betrachtung auf die wenigen wesentlichen Punkte fokussieren, dann merken wir, dass die Dinge längst nicht so kompliziert sind, wie sie oft dargestellt werden. Die Schuldfrage beantwortet sich – wie wir erkennen können – dann von ganz alleine.

Wie geht es weiter?

Eine berechtigte Frage und die wohl wichtigste Frage dieser
Tage. Die Antwort lautet: Es liegt an uns. Es gibt keinen festen
Fahrplan, keine feste Route, die wir eingeschlagen haben und
die unweigerlich an ein bestimmtes Ziel führt. Von Beginn bis
zum endgültigen Ende der Krise ist das gesamte Geschehen ein
offener, kreativer Vorgang, der permanent durch die
Handlungsweisen aller Beteiligten beeinflusst wird und
entsprechend der Tragweite dieser Handlungsweisen die
Richtung sehr schnell verändern kann.

Mein Lieblingsszenario ist natürlich jenes, dass die Gesellschaft
nicht nachlässt in der Ernsthaftigkeit bezüglich der die
Epidemie begrenzenden Maßnahmen. Wir haben beide Seiten
der Medaille gesehen und wir haben die Schreckensszenarien
aus anderen Ländern gesehen. Je länger die Krise andauert,
desto mehr hängt davon ab, dass wir nicht müde werden, das
Notwendige zu tun, das Falsche zu unterlassen und den
gesunden Menschenverstand zu gebrauchen. Wir haben
genügend Informationen und Möglichkeiten, die Zeit bis zur
Verfügbarkeit eines Impfstoffes verantwortungsvoll zu
überbrücken und sogar eine zweite Infektionswelle zu
verhindern. Die Maßnahmen sind wenige und sie sind einfach:
Nichts ist effektiver als Abstand halten, das Tragen des Mund-
Nasen-Schutzes und das Vermeiden unnötiger Risiken in Form
von Kontakten, insbesondere das Meiden von
Menschenansammlungen. Einfach, effektiv, sicher – dafür
müssen Sie kein Virologe sein. Es bedarf lediglich eines
Mindestmaßes an Disziplin und die Bereitschaft, auch einmal

einen gemachten Schritt wieder zurückzunehmen, wenn sich herausstellt, dass er zu optimistisch war. Wenn es uns gelingt, diese Disziplin aufrecht zu erhalten, dann besteht die Möglichkeit, dass wir uns trotz aller schon gemachten Fehler mit begrenzbarem Schaden bis zur Verfügbarkeit einer Impfung „durchmogeln". Lassen Sie sich nicht provozieren von Menschen, die die Risiken leugnen, fahrlässig handeln und Ihnen Feigheit oder Übertreibung vorwerfen, wenn Sie vorsichtiger sind. Machen Sie sich nichts daraus, wenn man Sie als Spielverderber betrachtet. Die Blumen auf den Gräbern der Mutigen blühen auch nicht schöner als die auf den Gräbern der Feiglinge, nur früher. Wenn Sie ein Risiko erkennen, folgen Sie Ihrer Intuition und meiden Sie es. Es macht mehr Sinn, auf einige Lockerungen zu verzichten, um letztlich zügiger wieder in eine *wirkliche* Normalität zurückkehren zu können, an einer Verlängerung eines Schwebezustandes haben wir alle letztlich nur überschaubare Freude. Lockerungen beschreiben eine Erlaubnis, nicht eine Verpflichtung. Wenn Sie sich wieder mit 10, 50 oder 100 Menschen versammeln dürfen, heißt das nicht, dass Sie es müssen. Die Rechnung bleibt immer dieselbe: Weniger Beschränkungen bedeuten mehr Risiko und zwar so lange, bis das Problem in Form einer Impfung behoben ist. Machen wir uns nichts vor – diese Krise wird nicht vorher beendet sein, allein schon deshalb, weil sie ein globales Problem ist. Selbst wenn ein Land imstande wäre, die Pandemie auf eigenem Boden zu eliminieren – ohne strikte Abriegelung würde sie doch immer wieder zurückkehren. Auch die Länder, die nun viele Hotspots in den Griff bekommen haben, Deutschland, China, Südkorea, Japan und einige andere, werden so lange immer wieder mit COVID-19 konfrontiert werden, bis eine Impfung zur Verfügung steht. Deshalb prüfen Sie jede Situation kritisch selbst. Wenn Ihnen Maßnahmen zu optimistisch erscheinen, was durch den Druck von Wirtschaft und Gesellschaft unvermeidlich der Fall sein muss, machen Sie einfach nicht mit. Wenn Verhaltensweisen offensichtlich dämlich sind, dann unterlassen Sie diese. Bestes Beispiel hierfür sind die „Ellbogen-Checks", die mittlerweile gern zur Begrüßung verwendet werden. Nachdem wir uns alle angewöhnt haben, in die Ellenbeuge zu husten und zu niesen – ganz ehrlich, wie intelligent kann es sein, den gesammelten Rotz dann am Arm einer anderen Person abzuwischen, damit diese sich dieses mikrobiologische Potpourri bei der nächsten Gelegenheit ins Gesicht reibt? Oder brauchen wir dafür auch eine wissenschaftliche Langzeitstudie? Bleiben wir besser beim gesunden Menschenverstand. Wenn wir so denken, mit dieser „japanischen Disziplin" an die Sache herangehen, dann können selbst die schlimmsten Krisen-Missmanager uns wenig anhaben. Es ist schließlich nicht für die Ewigkeit, auch wenn es uns manchmal so vorkommt. Wenn wir eins nach dem anderen erledigen, dann bewältigen wir die Krise am schnellsten und können uns dennoch den größtmöglichen Freiraum zurückerobern.

Wenn dann eines Tages alles durchgestanden sein wird, dürfen wir jedoch diejenigen nicht vergessen, für die es schlimmer kam. Statistiken zeigen nur Zahlen oder Durchschnittswerte, nie Menschen und Schicksale. Der Durchschnitt wird dem Einzelschicksal niemals gerecht. Daran wird sich zeigen, wie weit die so hoch gelobte Solidarität in Zeiten der Krise tatsächlich geht, oder ob diejenigen, die ungeschoren davongekommen sind, angesichts der verschwundenen Bedrohung auch diese Solidarität vergessen haben werden.

Doch wo Chancen sind, ist das Risiko meist nicht weit. Wenn wir aus dem – gemessen an den gemachten Fehlern – bislang noch recht glücklichen Verlauf die falschen Schlüsse ziehen, die Situation unterschätzen und die Zügel schleifen lassen, dann droht uns tatsächlich eine zweite Infektionswelle oder zumindest eine ganze Menge von größeren, wenn auch möglicherweise regional begrenzten Ausbrüchen von COVID-19. Vollkommen vermeiden lassen werden diese sich ohnehin nicht, aber Anzahl und Tragweite können wir maßgeblich beeinflussen. Wir müssen enorm darauf achten, dass wir den Verlauf der Pandemie in Deutschland nicht fehlinterpretieren. Oft höre ich Sätze wie : „Das war doch alles völlig überzogen! Schauen Sie doch, es ist doch gar nichts passiert! Der einzige Schaden ist der durch die Beschränkungen!" Viele Menschen denken so und nehmen mittlerweile die Vorsichtsmaßnahmen als unverhältnismäßig wahr. Und es besteht die Gefahr, dass aus dieser vollkommen falschen Wahrnehmung Risiken erwachsen, die eine weitere Infektionswelle über unser Land bringen. Eine „Jetzt-erst-recht-Partykultur", wie sie mancherorts auflodert, ist absolut der perfekte Weg, um eine solche Katastrophe auszulösen. Große Sorgen bereitet mir die Zahl derer, die von Fakten vollkommen unbeirrt und mit tiefer Überzeugung nach wie vor daran glauben, es handele sich um eine Erkrankung, deren Tragweite nicht größer sei als die einer Grippewelle. Aus diesem Verständnis heraus boykottieren etliche Menschen jegliche Vorsichtsmaßnahmen, zeigen sich aggressiv gegenüber Mahnungen zur Vorsicht und gehen bewusst und provokativ besonders hohe Risiken ein. Schon eine geringe Zahl dieser mutwilligen, potentiellen Super-Spreader kann das Fass bereits wieder zum Überlaufen bringen und uns in ein Szenario katapultieren, wie wir es in Italien gesehen haben. Und mit jeder Lockerung, die wir umsetzen, wächst diese Gefahr. Um es mit den Worten des französischen Schriftstellers Charles Baudelaire auszudrücken: „Die schönste List des Teufels ist es, uns zu überzeugen, dass es ihn nicht gibt."

Sowohl die gesundheitlichen als auch die wirtschaftlichen Schäden einer möglichen zweiten Welle könnten die der ersten bei weitem in den Schatten stellen. Wenn wir nun aus unserem Mauseloch kriechen, dürfen wir nicht vergessen, dass die Katze nach wie vor herumschleicht. Die komplette erste Welle ging von mutmaßlich einer Handvoll Infektionsfällen aus. Es gibt keinen vernünftigen Grund zu der Annahme, dass bei einer permanent vierstelligen Anzahl aktiver Infektionsfälle und nach wie vor nur sehr geringer Immunität in der Bevölkerung ein geringeres Risiko bestünde als zu Beginn des ersten großen Ausbruchs, auch wenn die empfundene Wahrnehmung eine andere sein mag. Im Gegenteil, die Ausgangslage ist verglichen mit der Lage vor Beginn der ersten Infektionswelle wesentlich brisanter. Jede Fahrlässigkeit kann weitreichende Konsequenzen nach sich ziehen, insbesondere, wenn sie uns kollektiv unterläuft. Deshalb ist Wachsamkeit das oberste Gebot. Nicht eine Wachsamkeit, wie sie uns unsere Politik in der ersten Phase dieser Pandemie vorlebte, nicht diese Form von passiver Moderation und fahrlässiger Trägheit.

Wenn wir nun glauben, sommerliche Temperaturen allein würden unsere Probleme lösen, dann sieht es schlecht aus für uns. Wenn wir nach Brasilien, Indien oder Saudi-Arabien schauen, dann erkennen wir auf den ersten Blick, dass nicht die Temperaturen vorrangig das Infektionsgeschehen steuern – es sind und bleiben die Anzahl unserer Kontakte und die konsequente Befolgung der Vorsichts- und Hygienemaßnahmen. Auch 32 Grad Celsius helfen nicht dort, wo viele Menschen zu nah auf engem Raum sind. Wenn wir das beherzigen, wird jeder warme Tag eine Hilfe sein. Wenn nicht, erwartet uns alles andere als eine sonnige Zeit.

Wer auf Virologen hört, die auf eine Durchseuchung setzen und deshalb die Vorsichtsmaßnahmen für entbehrlich halten, der riskiert viel für sich und für andere. Wir wären der sprichwörtliche Esel auf dem Glatteis. Denn die Gefahr von Zuständen, wie wir sie aus Italien oder Spanien gesehen haben, ist noch längst nicht vom Tisch. Vergessen wir nicht, dass wir auch gegenüber China ziemlich sicher waren, so schlimm könne es bei uns nicht kommen. Wenn wir aber genug Dummheit auf einen Haufen stapeln bis dieser umkippt, ist vieles möglich. Mit jeder weiteren Lockerung in Richtung Normalität bauen wir am Traumschloss der Illusion, die Krise sei überstanden. Dabei müssen wir uns permanent vor Augen führen, dass zumeist nicht ein weggefallenes Risiko der Grund für eine weitere Lockerung ist, sondern lediglich die Angst vor den wirtschaftlichen Konsequenzen, die ohne die Lockerung eintreten würden oder einfach der Wunsch nach der Rückkehr zur Normalität. Gerade die Stärke des wirtschaftlichen Drucks, die Gefahr der Pleite ganzer Branchen und letztlich des ganzen

Landes können hier zur voreiligen Anwendung unausgegorener Konzepte führen. Und wir hören bereits jetzt die präventiven Einwände aus Kreisen der Wirtschaft, komme was wolle, einen zweiten Lockdown werde es auf gar keinen Fall geben. Die Frage, wie wir uns bei der nächsten Wahl zwischen Geld und Leben entscheiden werden, scheint schon vorzeitig beantwortet zu sein. Dabei spielen in den Köpfen der Entscheider Arbeitsplätze und die Nöte des einfachen Bürgers keine Rolle, wie man uns glauben machen will. Arbeitsplätze werden immer früher gestrichen als Dividenden und Boni. Es bleibt, wie es war: Wenn es an die Managerboni und Investorenrenditen geht, hört der Spaß auf, dann gehen wir jedes Risiko ein. Prüfen Sie deshalb das Gesagte immer auch im Hinblick darauf, wer und warum es der- oder diejenige sagt. Überprüfen Sie die Intention, die dahintersteht.

Und letztlich werden sich auch Dinge herauskristallisieren, die nicht funktionieren. Ich gebe Ihnen nur ein Beispiel. In einigen Großraumbüros ist man überzeugt, alles richtig zu machen. 5 Mitarbeiter auf 30 Quadratmetern, zwei offene Kippfenster, alle zwei Stunden einmal kurz durchlüften, während sich aber kein Lüftchen rührt. An der Kaffeemaschine treffen sich dann die Mitarbeiter ohne Mundschutz und ohne Mindestabstand, aber niemand wird krank. Das ist der Beweis – dieses Konzept funktioniert. Falsch. Das ist der Beweis, dass, wenn sowieso keine infizierte Person unter den Anwesenden ist, auch niemand angesteckt werden kann. Das wussten wir aber schon vorher. Ändert sich diese Ausgangssituation, wird in einem solchen Büro niemand verschont bleiben. Im Zuge der Lockerungen wird hier sicher das ein oder andere „Konzept" scheitern. Lassen Sie sich dadurch nicht in Panik oder Aktionismus versetzen. Das sind Sollbruchstellen im System, die bislang von Glück profitierten. Bei einigen wird naturgemäß diese Glückssträhne irgendwann reißen. Wenn Sie sich diese Ereignisse mit gesundem Menschenverstand anschauen, werden Sie nahezu jedes Mal feststellen, dass es ein logischer Vorgang ist, dessen Ursache in offensichtlichen Fehlern zu finden ist. Auch deshalb gilt: Prüfen Sie, ob etwas aufgrund von Logik funktioniert oder aufgrund von Glück. Wollen Sie auf der im Rahmen der Möglichkeiten sicheren Seite bleiben, setzen Sie auf Ihren gesunden Menschenverstand.

Denken Sie auch daran, ganz gleich, wie es weitergeht, niemand wird hier Fehler eingestehen und Verantwortung übernehmen. Was auch immer geschieht, von politischer Seite wird es immer als Erfolg deklariert werden. Selbst wenn eine zweite Infektionswelle das Land förmlich überrollen würde, würden sich die Entscheidungsträger auf den Standpunkt stellen, dies sei unvermeidlich gewesen und letztlich sei durch den Einfluss der Politik noch Schlimmeres verhindert worden. Es ist die berühmte Flucht nach vorn: Eine Behauptung in den Raum stellen und den Kritikern die Beweislast aufbürden. Es ist immer dasselbe Schema.

Natürlich beschäftigt uns auch die Frage, wann ein Impfstoff verfügbar sein wird. Es ist eine der wesentlichsten Fragestellungen überhaupt. Diese Frage wird sich erst in dem Moment selbst beantworten, in dem es soweit ist. Eine Prognose jedoch kann man stellen: Hier wird nicht sicher nicht getrödelt werden, davon können wir ausgehen. Dieser Impfstoff ist ein Multimilliardengeschäft, um das ein brutales Wettrennen entbrennt. Sie können davon ausgehen, dass *hier* auch am Wochenende gearbeitet werden wird. Und dennoch müssen wir akzeptieren, dass es keine Garantie für einen Erfolg gibt – ein Scheitern bleibt theoretisch möglich.

Trauriger ist die Aussicht für Länder, die bei der Verteilung wohl eher hinten anstehen werden. Länder, in denen sich eine humanitäre Katastrophe durch Corona ereignet oder noch ereignen wird, die wir uns noch nicht einmal vorstellen können. In vielen Nationen ist das Geschehen längst nicht eingedämmt und in einigen besteht die Gefahr, dass sich das Virus ungebremst durch das gesamte Land hindurchwütet, so dass die Kapazitäten nicht einmal für eine einigermaßen korrekte Erfassung der Katastrophe ausreichen, geschweige denn für eine nennenswerte medizinische Versorgung. Länder wie Indien, Brasilien, Bangladesch und viele andere. Aus vielen weiteren Ländern werden uns nie Bilder oder korrekte Zahlen der Katastrophe erreichen. Von Ländern, in denen schon an der korrekten Zählung von Mordopfern kaum Interesse besteht, sollten wir nicht zu viel Korrektheit bezüglich der Corona-Statistiken erwarten. Verglichen mit Deutschland werden hier viele Nationen ein Elend erleben, sowohl bezüglich der Pandemie selbst als auch bezüglich der wirtschaftlichen Auswirkungen, das uns wieder nur zu deutlich vor Augen führt, wie unglaublich viel Glück wir haben, hier zu leben. Länder, in denen die Menschen dicht gedrängt in Elendsvierteln leben, in denen es kein Entrinnen vor Corona gibt, Länder, die ausbeuterisch billig Waren für die westlichen

Industrienationen produzieren und nun auf ihren Erzeugnissen sitzen blieben, weil unsere Konzerne entweder von vornherein einseitige Klauseln in die Verträge schrieben oder sich ganz plump einfach nicht mehr an ihre Abnahmeverpflichtungen halten, da die Gegenseite ohnehin keine wirksame Handhabe hat, ihr Recht einzufordern. Länder, in denen die Menschen nicht einmal wissen, ob sie einer Risikogruppe angehören, weil viele Menschen dort noch nie eine Arztpraxis von innen gesehen haben und in denen ein Zahn noch immer mit Bindfaden und Türklinke gezogen wird – wenn man überhaupt eine Türklinke besitzt. Auch dort wird unser Engagement gefordert sein. Ich höre schon die Klagelieder, dass wir niemandem helfen könnten, weil es uns selbst so schlecht ginge. Fakt ist, wenn eine Krise unser Land erschüttert, dann sind andere Nationen bereits am Boden. Wir können uns dieser Verantwortung nicht entziehen, wenn wir Teil der Menschheit sein möchten.

Was wird von der Corona-Krise bleiben?
Und vor allem: Sind wir lernfähig?

Um eine einmal in Gang gekommene Epidemie einzudämmen, müssen wir Infektionsketten identifizieren und unterbrechen. Um politisches Missmanagement einzudämmen, gilt dasselbe. Wir müssen die Fehlentscheidungen identifizieren und zurückverfolgen, um herauszufinden, wer die Verantwortung trägt. Nun, Infektionsketten nachzuvollziehen mag manchmal schwer oder sogar unmöglich sein. Was jedoch die

Verantwortung für die Corona-Krise anbetrifft, sind die Belege eindeutig.

Es bleibt zu hoffen, dass wir einige Lerneffekte aus dieser Krise ziehen werden. Einige Dinge werden nicht wieder verschwinden. Vielleicht werden wir in Zukunft bei Grippewellen auch sensibler mit den Risiken umgehen, viele Menschen könnten dadurch gerettet werden. Ob die Zeiten der vollen Wartezimmer bei Ärzten während der Grippesaison damit zu Ende gehen werden, ist jedoch fraglich. Wir kennen das Elend, mit verstauchtem Fuß in die Praxis und nach zwei Stunden des Vollgehustetwerdens im Wartezimmer mit einem Verband und einer Grippe wieder nach Hause. Es wäre dennoch schön, wenn das in der Zukunft anders wäre. Jedoch glaube ich, dass das Thema Schutzmasken sich bei uns ebenso etablieren wird, wie dies in Asien der Fall ist. Für einige Japanerinnen sind sie mittlerweile sogar zum „Plan B" geworden, wenn in der morgendlichen Hektik keine Zeit mehr fürs Make-up war. Besonders in Arztpraxen und Apotheken werden Schutzmasken während zukünftiger Grippewellen sicherlich zum Alltagsbild gehören. Auch im privaten Bereich wird wohl demnächst niemand mehr ausgelacht werden, wenn er bei empfundenem Bedarf wieder darauf zurückgreift. Und auch hier werden wir demnächst sicher gewissenhafter auf Hygiene und Infektionsschutz achten. Und wenn man ehrlich ist, ist es doch irgendwie auch ganz angenehm mit diesem neuen Höflichkeitsabstand. Plötzlich hat man an der Ladenkasse manchmal mehr Luft zwischen sich und dem Hintermann als bei 140 km/h auf der Autobahn.

In der Vergangenheit hat sich eine gewisse Übung eingestellt, Ministerposten-Kandidaten ohne bekannte Begabungen im Verkehrs- oder Verteidigungsministerium zu parken. Bereits das hatte wenig erfreuliche Auswirkungen. Die Corona-Krise hat gezeigt, dass es keine gute Idee ist, diese Liste auf weitere Ministerien zu erweitern. Vielleicht wird man damit in Zukunft sensibler umgehen, aber das ist eine recht optimistische Hoffnung.

In und nach jeder Krise heißt es immer wieder: Lassen Sie uns nicht über Fehler reden, wir wollen uns nicht in Vorwürfen verlieren, sondern daraus lernen und positiv in die Zukunft gehen. Wer das sagt? Natürlich in erster Linie diejenigen, die für den Schaden verantwortlich sind. Aber die Frage muss lauten, wie wir denn lernen wollen, wenn wir den Fehlern nicht nachgehen und die Verantwortlichen nicht zur Rede stellen. Wer nach Gerechtigkeit ruft und nach einer transparenten Aufbereitung, der gilt als unsolidarischer Miesmacher.

Statt Antworten wurden uns „Wir-bleiben-zu-Hause-Kampagnen" vorgesetzt, in denen Prominente wie auch einfache Bürger ein lustiges Dach über dem Kopf bildeten und jeden zum Helden und Lebensretter erklärten, der mit seiner Chipstüte auf dem Sofa sitzen blieb. Pandemie – das lustige Spiel für die ganze Familie. Anstatt unbequeme Fragen nach der Verantwortung zu stellen, sollten wir uns nun behandeln lassen wie Vorschulkinder und über alles einfach hinweglächeln. Im Gegenzug wurden wir quasi kollektiv zu „Frontliners honoris causa" erklärt. Den echten Helden gegenüber eine wahre Anmaßung und ganz sicher kein Ersatz für eine anständige Aufarbeitung.

Während noch bis vor ca. 20 Jahren Politiker zumindest den Anstand hatten, aus freien Stücken zurückzutreten, wenn ihnen die Lage entglitten war, so hat sich dies heute vollkommen geändert. Die Politik hat gelernt, dass solche Situationen in unserer schnelllebigen Gesellschaft leicht auszusitzen sind. Innerhalb einer Woche ist jedes Thema aus den Schlagzeilen verschwunden, die Rufe nach Gerechtigkeit verstummen. Jeder hat zu viel mit sich selbst zu tun, um sich wirklich lange damit befassen zu können. Die Einstellung: „Ist doch egal, die da oben machen ja sowieso, was sie wollen", lässt viele Menschen von vornherein abwinken. Aber hier ging es nicht um eine herkömmliche Wahlkampflüge oder um die alltägliche Veruntreuung von ein paar Millionen Euro. Es geht hier um tausende von Menschen, die ihr Leben verloren haben und viele weitere, die sich möglicherweise nie vollständig von der Erkrankung erholen werden. Tausende von Leben, die verspielt wurden und tausende von Särgen, die in die Erde hinabgelassen oder dem Feuer übergeben wurden. Jobs, Existenzen, ein Betrag im Billionenbereich – verzockt. Alles aufgrund von Arroganz und Inkompetenz. Wir werden uns entscheiden müssen, was größer ist: Unsere Solidarität mit den Leidtragenden oder das Mitleid mit den jede Verantwortung abstreitenden Verursachern. Bei aller Unannehmlichkeit der Aufbereitung: Hiervon hängt ab, wie und von wem wir in der Zukunft in Krisen gemanagt werden, das sollte uns Motivation genug sein.

Dafür brauchen wir jedoch ein grundsätzliches Umdenken. Unsere Gesellschaft findet es durchaus spannend, ein paar Tage lang an humanitären Katastrophen wie in Syrien, im Jemen oder sonst wo auf der Welt Anteil zu nehmen. Dann spenden wir zehn Euro dafür – und dann muss es aber auch gut sein. Wir können uns nicht jeden Tag damit befassen, dass das Leid und die Not dort unverändert vorhanden sind. Die ersten tausend Toten sind immer eine Schlagzeile wert, alles was danach kommt, interessiert uns eigentlich nicht. Steigt die Opferzahl, sinkt unser Interesse. Wir wissen ja nun um die Problematik, man muss es uns nicht jeden Tag aufs Neue erklären. Es wird dann Zeit für ein bisschen Abwechslung, damit es nicht langweilig wird. Der Gedanke, sich von Problemen erst dann abwenden zu können, wenn diese gelöst sind, scheint uns völlig fremd geworden zu sein. Wir möchten gern ohne Aufwand die Welt retten und dann wieder in Ruhe gelassen werden. Einmal zehn Euro spenden, einmal für zwei Wochen zu Hause bleiben, das sollte an Heldentum ausreichen. Unsere Lust, uns damit zu beschäftigen, ist einfach erschöpft. Wenn das Problem damit nicht gelöst ist, na, dann ist es eben so. Wir können uns auch nicht um alles und jeden kümmern. Erstaunlicherweise verhalten wir uns nicht wesentlich anders, wenn das Unheil nicht mehr tausende von Kilometern entfernt vonstatten geht, sondern praktisch nebenan geschieht. Erst wenn wir ganz konkret persönlich betroffen sind, bemerken wir, mit welcher menschenverachtenden Ignoranz wir diesen Dingen begegnet sind. Daran werden wir arbeiten müssen.

Diese Abrechnung betrifft also nicht nur unsere Politiker, sie betrifft uns alle. Es ist an uns, die richtigen Lehren aus dieser Krise zu ziehen. Viele Dinge, die wir für selbstverständlich gehalten haben, wurden uns von einem Tag auf den anderen entzogen. Wertigkeiten wurden zurechtgerückt. Dinge, die wir bis dato wenig wertschätzten, gerieten wieder in den Fokus. Andere Dinge, auf die wir nicht verzichten zu können glaubten, erwiesen sich als entbehrlich. Vieles, was wir als besondere Stärke unser konsumorientierten Gesellschaft betrachteten, brachte uns zusätzlich in Bedrängnis und wir mussten erkennen, dass es nicht immer ganz klar ist, wer hier wen durch die Manege führt. Wir haben wieder gemerkt, dass wir soziale Wesen sind und dass digitale Freundschaften kein Ersatz für echte soziale Strukturen sind. Wir haben gemerkt, dass die Wirtschaft, der wir unseren Wohlstand verdanken, gleichzeitig das Damoklesschwert über unseren Häuptern ist – und dass wir äußerst schwach dagegen abgesichert sind. Wir haben gemerkt, wie fragil die Illusionen von Sicherheit und Kontrolle sind.

Es ist an uns, die richtigen Schlüsse daraus zu ziehen und unsere gesamte Gesellschaft zu überdenken, den Menschen wieder mehr in den Vordergrund zu stellen und miteinander solidarisch zu sein, über alle Grenzen hinweg. Die Frage, die über die Qualität unseres Lebens in der Zukunft entscheiden wird, lautet: Wie gehen mit diesen Erkenntnissen um? Was werden wir daraus machen? Werden wir diese Erkenntnisse in unser Leben nach der Krise integrieren und es in der Zukunft besser machen oder werden wir es abhaken nach dem Motto „nice to know" und bei der nächsten Herausforderung wieder genauso blöd aus der Wäsche gucken wie beim letzten Mal?

Unsere Antworten auf diese Fragen entscheiden schon heute, wie wir die nächsten Herausforderungen bestehen werden.

„Wenn es nicht recht war, was ich gesagt habe, dann weise es nach; wenn es aber recht war, warum schlägst du mich?"
Johannes 18, 23

Was dieses Buch angeht, so habe ich nicht den geringsten Zweifel daran, dass diejenigen, denen diese Aufarbeitung der Ereignisse nicht gefällt, es in der Luft zerreißen und behaupten werden, es sei gar nicht zulässig, die Dinge in einer solchen Einfachheit zu betrachten. Wenn es jedoch dazu führt, zumindest einige Menschen zu erreichen und zu ermutigen, sich wieder zuzutrauen, Dinge frei von Verschwörungstheorien und dennoch kritisch anhand ihres eigenen, gesunden Menschenverstandes zu hinterfragen, dann soll es mir das wert sein.

Bleiben Sie aufmerksam und gesund.

<u>Übersicht verwendeter Internet-Quellen</u>
(Stand Mai/Juni 2020)

Facebook-Profil Jens Spahn:
https://www.facebook.com/jensspahn/

Dashboard der Weltgesundheitsorganisation:
https://covid19.who.int/

Dashboard des Robert-Koch-Instituts:
https://corona.rki.de

*Pressemitteilung „23 Millionen Euro für Corona-Bekämpfung",
Deutscher Bundestag:*
https://www.bundestag.de/presse/hib/682366-682366

*„Bericht zur Risikoanalyse im Bevölkerungsschutz 2012", Deutscher
Bundestag, Drucksache 17/12051 vom 03.01.2013 (Pdf-Download):*
http://dipbt.bundestag.de/dip21/btd/17/120/1712051.pdf

„tagesschau.de" - „Die verlorenen Wochen":
https://www.tagesschau.de/inland/corona-ausbruch-deutschland-
rekonstruktion-101.html

*NDR Info „Coronavirusupdate", Folge 14:
Skript:*
https://www.ndr.de/nachrichten/info/coronaskript128.pdf
Podcast:
https://www.ndr.de/nachrichten/info/14-Vorsicht-vor-
Vereinfachungen-,audio653978.html

„Kommentar: Die Pandemie kommt, übernehmt Verantwortung!",
Kommentar von Judith Hartl, „Deutsche Welle":
https://www.dw.com/de/kommentar-die-pandemie-kommt-
%C3%BCbernehmt-verantwortung/a-52509626